Composto
mercadológico:
conceitos,
ideias e
tendências_

O selo DIALÓGICA da Editora InterSaberes faz referência às publicações que privilegiam uma linguagem na qual o autor dialoga com o leitor por meio de recursos textuais e visuais, o que torna o conteúdo muito mais dinâmico. São livros que criam um ambiente de interação com o leitor – seu universo cultural, social e de elaboração de conhecimentos –, possibilitando um real processo de interlocução para que a comunicação se efetive.

Composto mercadológico: conceitos, ideias e tendências_

Vanessa Estela Kotovicz Rolon

EDITORA intersaberes

Rua Clara Vendramin, 58 . Mossunguê
CEP 81200-170 . Curitiba . PR . Brasil
Fone: (41) 2106-4170
www.intersaberes.com
editora@editoraintersaberes.com.br

conselho editorial
Dr. Ivo José Both (presidente)
Drª Elena Godoy
Dr. Nelson Luís Dias
Dr. Neri dos Santos
Dr. Ulf Gregor Baranow

capa
Laís Galvão (*design*)
Mila Supinskaya Glashchenko,
Odua Images, Zapp2Photo,
puhhha e Por Helga_Kor/
Shutterstock (imagem)

editora-chefe
Lindsay Azambuja

projeto gráfico
Mayra Yoshizawa

supervisora editorial
Ariadne Nunes Wenger

diagramação
Kátia P. Irokawa Muckenberger

analista editorial
Ariel Martins

equipe de *design*
Mayra Yoshizawa
Laís Galvão
Iná Trigo

preparação de originais
Juliana Fortunato

edição de texto
Floresval Nunes Moreira Junior
Viviane Fernanda Voltolini

iconografia
Celia Regina Tartalia e Silva
Regina Claudia Cruz Prestes

EDITORA AFILIADA

Dados Internacionais de Catalogação na Publicação (CIP)
(Câmara Brasileira do Livro, SP, Brasil)

Rolon, Vanessa Estela Kotovicz
   Composto mercadológico: conceitos, ideias e tendências/
Vanessa Estela Kotovicz Rolon. Curitiba: InterSaberes, 2018.

   Bibliografia
   ISBN 978-85-5972-810-1

   1. Administração mercadológica 2. Competitividade
3. Estratégia 4. Marketing 5. Marketing – Administração
6. Mercado-alvo I. Título.

18-18976   CDD-658.8

Índices para catálogo sistemático:
1. Marketing: Administração mercadológica   658.8

Maria Alice Ferreira – Bibliotecária – CRB-8/7964

1ª edição, 2018.

Foi feito o depósito legal.

Informamos que é de inteira responsabilidade da autora a emissão de conceitos.

Nenhuma parte desta publicação poderá ser reproduzida por qualquer meio ou forma sem a prévia autorização da Editora InterSaberes.

A violação dos direitos autorais é crime estabelecido na Lei n. 9.610/1998 e punido pelo art. 184 do Código Penal.

_Sumário

_ Prefácio   13
_ Apresentação   17
_ Como aproveitar ao máximo este livro   21

1. Evolução histórica do marketing_   27
   1.1 Breve histórico do marketing   27
   1.2 Orientação para produção e para produto   30
   1.3 Orientação para vendas   33
   1.4 Orientação para marketing   35
   1.5 De marketing para marketing de relacionamento   38
   1.6 Evolução de produto e serviço e de preço   42
   1.7 Evolução de praça e de promoção   44

2. Análise de mercado: "P" de *produto*_   57
   2.1 Composto de produto   57
   2.2 Características e classificação de produtos   62
   2.3 Linhas e categorias de produtos   65
   2.4 Gestão de linhas e categorias de produtos   67
   2.5 Marcas, rotulagem e embalagem   72
   2.6 Ciclos de vida de produtos   77

3. Precificação de produtos: "P" de *preço*_   93
   3.1 Definição de preço   93
   3.2 Passo a passo para precificação de produtos e de serviços   96
   3.3 Estratégias de determinação de preços conforme o posicionamento da empresa   100

4. Distribuição: "P" de *praça*_   125
   4.1 Distribuição como processo   125
   4.2 Canais de marketing e redes de valor   127
   4.3 Papel de canais de marketing   129
   4.4 Decisões de projeto de canal e gerenciamento   132
   4.5 Varejo   135

5. Comunicação de marketing: "P" de *promoção*_   151
   5.1 Composto de promoção   151
   5.2 Integração do composto de comunicação   154
   5.3 Comunicação Integrada de Marketing (CIM)   157
   5.4 Processo de comunicação   160

6. Desenvolvimento de plano de marketing _ 171
    6.1 Elementos estruturais de plano de marketing 172

_ Para concluir... 199
_ Referências 201
_ Respostas 207
_ Sobre a autora 211

A meus filhos, amores de minha vida – Carolina, Felipe e Gustavo –, que me motivam a crescer e a me desenvolver pessoal e profissionalmente. Agradeço o amor incondicional.

A meu esposo, Carlos Eduardo, pelo apoio, pelo incentivo e pelo companheirismo.

A meu pai, Rafael Kotovicz, que não está mais presente entre nós, mas que com seus conselhos e suas palavras de incentivo fez e ainda faz que eu tenha força para enfrentar e superar os desafios com dignidade e honestidade. Para minha mãe, Jeanett Kotovicz, gratidão e amor.

A minha querida amiga, Eliane Mady, profissional que muito admiro e que prefaciou este livro.

A meus colegas de trabalho e amigos, pelo apoio.

"Ensinar não é transferir conhecimento, mas criar as possibilidades para a sua própria produção ou a sua construção".

Paulo Freire

_Prefácio

Foi com imensa alegria que recebi o convite para prefaciar esta obra. Escrevo com muita satisfação, pois admiro muito esta autora guerreira, que conheci quando sonhava fazer o mestrado; agora, com doutorado, é respeitada por sua perseverança e por sua determinação.

Esta obra abordará o composto mercadológico, ferramenta utilizada pelas empresas com o objetivo de entender e satisfazer os desejos dos consumidores, mas que pode levantar algumas questões: os 4 Ps (preço, praça, produto e promoção) ainda são um aspecto importante para o marketing? O composto mercadológico ajudará a empresa a lançar produtos de sucesso? Essa ferramenta não é muito básica? É coerente ignorar essas variáveis extremamente importantes para a empresa, pois influenciam a maneira como os clientes respondem a determinado mercado? Como pensar em outras ferramentas e esquecer aquelas nas quais a empresa pode interferir para influenciar a compra de seu produto e atingir as metas estabelecidas para o público-alvo?

Nesse contexto, à medida que avançar na leitura deste livro, o leitor perceberá que a interdisciplinaridade do composto de marketing é de vital importância, pois definirá o posicionamento da empresa no mercado, a percepção da qualidade do produto, onde o produto pode ser vendido, o preço que o cliente está disposto a pagar e que estratégias promocionais devem ser adotadas a fim de influenciar a compra do produto ou do serviço. Sendo assim, elaborar cuidadosamente cada variável do composto de marketing por meio de informações internas e de pesquisas de mercado ajudará a empresa a criar valor para os clientes e alcançar seus objetivos, oferecendo produtos e serviços que atendam às necessidades e aos desejos daqueles que os compram. O produto é a variável mais importante do composto do marketing, pois sem ele não há razão para os demais existirem.

O gerente de marketing precisa conhecer as necessidades e os desejos de seus clientes e, a partir dessas informações, oferecer produtos ou serviços que os atendam. Para isso, precisa cuidar das especificações, dos atributos e dos benefícios, do *design*, da embalagem, do peso, da marca, das cores disponibilizadas, da marca, da garantia do produto, entre outras decisões. No caso de serviços, deve prestar atenção às características básicas (intangibilidade, inseparabilidade, variabilidade e perecibilidade) para oferecer aquilo de que o mercado necessita e o que deseja. Além disso, deve dar atenção ao ciclo de vida do produto e avaliar quais estratégias utilizará em cada um desses ciclos.

Definidos os produtos, é hora de decidir qual será o preço que o cliente pagará por ele. Para isso, é necessário determinar o preço, a demanda, as estimativas de custo, os preços e as ofertas dos concorrentes, os descontos, as concessões, as condições e os prazos de pagamentos. Para definir o preço, o gerente de marketing deve levar em conta, essencialmente, o momento e a circunstância em que ocorre a venda, pois isso permite criar um diferencial que gera valor para o cliente. Caso contrário, ficará refém das políticas de preços praticadas pelos concorrentes.

Esse profissional também deve definir onde os produtos estarão e como eles chegarão até seu cliente. Para desenvolver um canal de vendas eficiente, é preciso conhecer as necessidades do público-alvo e então decidir se deverá ser canal próprio, tradicional ou híbrido, bem como a amplitude geográfica, a utilização de canais de vendas diretos ou indiretos, o tipo de canal de venda, o estoque e a armazenagem. Para isso, é importante analisar as características do produto, as estratégias de distribuição dos concorrentes, os custos envolvidos e as leis que regem o mercado.

Finalmente, é hora de decidir como o público-alvo tomará conhecimento do produto ou do serviço. A promoção tem como objetivo informar, persuadir e lembrar o cliente do produto ou do serviço. Nesse sentido, o gerente de marketing deve decidir as ações de comunicação que adotará para influenciar a decisão de compra. Nesse momento devem ser executadas estratégias que chamem mais atenção do público-alvo do que as dos concorrentes, podendo optar por propagandas, publicidades, "boca a boca", venda pessoal, mídias digitais. O gerente de marketing pode utilizar uma ou mais formas de divulgação, todas ou um *mix*; tudo dependerá do orçamento disponível.

Eliane Batista Mady

_Apresentação

É com grande satisfação que apresentamos esta obra, cujo objetivo é introduzir os conceitos e as ferramentas do composto mercadológico, também conhecidos como 4 Ps, por meio de definições, exemplos, estudos de caso e exercícios para a formação de gestores com visão sistêmica e holística. Consideramos que o profissional de marketing deve atuar no início do ciclo de produção, e não apenas no término, integrando as diversas fases do negócio, pois, de acordo com Torres e Torres (2013, p. 6), "o marketing, recorrendo a métodos, técnicas, estudos e pesquisas, estabelecerá, por exemplo, para o engenheiro, o projetista e o pessoal de produção, aquilo que o cliente quer em um produto, qual preço pagará e onde e quando deseja encontrá-lo".

No Capítulo 1, abordamos a evolução do pensamento em marketing, que tem sido discutido formalmente há um século e remete às transformações sociais e às influências das mudanças nas trocas realizadas entre pessoas ou organizações. Portanto, essa evolução perpassa a era da produção, voltada ao marketing de produto, que tem como marco a Revolução Industrial, momento em que se iniciou o processo de análise do mercado, pois a fabricação artesanal deu lugar à fabricação em massa. Por último, a evolução passa pela era do marketing de relacionamento, em que as relações entre empresas e clientes são estrategicamente implantadas a fim de se obter a fidelização dos clientes. No contexto evolutivo da análise do mercado, as empresas passaram a direcionar seus esforços à obtenção de maiores lucros. O foco estava em ser eficiente e eficaz nos processos de produção, porém, com a concorrência aumentada, o foco passou a ser o consumidor, que assumiu a posição de rei no contexto mercadológico.

No Capítulo 2, tratamos do primeiro "P" do composto mercadológico ou composto de marketing: **produto**. Apresentamos o composto de produto e explicamos como definir seus atributos e seus benefícios com base no posicionamento da empresa no mercado. Para empresas que comercializam ou produzem mais de um produto, a Matriz BCG é uma ferramenta de análise importante para gestão, pois é baseando-se nela que as estratégias de investimentos são definidas e o *mix* de produtos é ajustado para obter o equilíbrio de oferta, investimentos e recursos.

No Capítulo 3, versamos sobre o segundo "P": **preço**, que deve seguir a estratégia da organização. Produtos inovadores, quando são lançados no mercado, têm como estratégia de precificação o *skimming*, a desnatação do mercado, assim como os produtos considerados exclusivos. A estratégia de precificação baseada no *markup* é indicada para produtos sem grande valor agregado; nela consideram-se os custos totais para definir o preço. Empresas também podem adotar a precificação por análise da concorrência e a estratégia "de trás para a frente", na qual é definido o preço final e, com base nele, os processos de produção, distribuição e promoção.

No Capítulo 4, o tema é o terceiro "P": **praça**. Estratégias diversas de distribuição ocorrem em razão da necessidade de a empresa atender a mais de um nicho ou ao mesmo nicho de mercado de várias maneiras. Novamente, a estratégia de distribuição deve estar em consonância com a estratégia de posicionamento da empresa.

No Capítulo 5, nosso enfoque é o quarto "P": **promoção**. Toda a campanha promocional do produto ou do serviço deve ser coerente com o posicionamento da empresa no mercado. Assim, a comunicação integrada de marketing deve enviar uma mensagem única para que seja assimilada pelo consumidor, criando um relacionamento forte com a marca.

No Capítulo 6, explicamos as etapas para elaboração de um plano de marketing, que, segundo Kotler (2005), é um instrumento em que se transcrevem todas as análises dos ambientes micro e macro-organizacionais, deixando clara a definição do público-alvo, o posicionamento de mercado, as propriedades e as definições da marca, os objetivos e as metas da empresa e, por fim, as estratégias de marketing. O plano conduz, informa e determina o rumo a ser seguido, "é uma ferramenta de gestão que deve ser regularmente utilizada e atualizada, pois permite analisar o mercado, adaptando-se as suas constantes mudanças e identificando tendências. Por meio dele você pode definir resultados a serem alcançados e formular ações para atingir competitividade" (Gomes, 2005, p. 10).

Bons estudos!

_Como aproveitar ao máximo este livro

Este livro traz alguns recursos que visam enriquecer o seu aprendizado, facilitar a compreensão dos conteúdos e tornar a leitura mais dinâmica. São ferramentas projetadas de acordo com a natureza dos temas que vamos examinar. Veja a seguir como esses recursos se encontram distribuídos no decorrer desta obra.

Conteúdos do capítulo:
Logo na abertura do capítulo, você fica conhecendo os conteúdos que nele serão abordados.

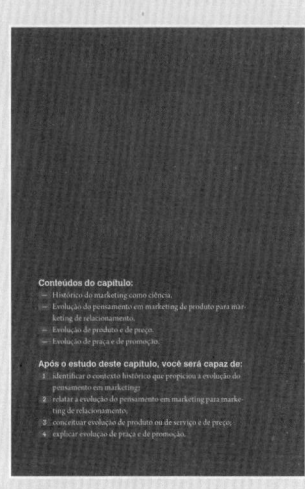

Após o estudo deste capítulo, você será capaz de:
Você também é informado a respeito das competências que irá desenvolver e dos conhecimentos que irá adquirir com o estudo do capítulo.

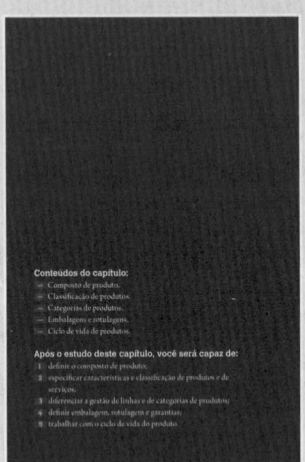

Estudo de caso
Esta seção traz ao seu conhecimento situações que vão aproximar os conteúdos estudados de sua prática profissional.

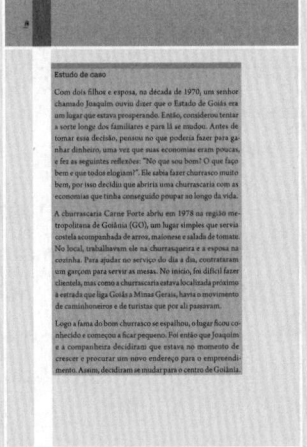

Síntese
Você dispõe, ao final do capítulo, de uma síntese que traz os principais conceitos nele abordados.

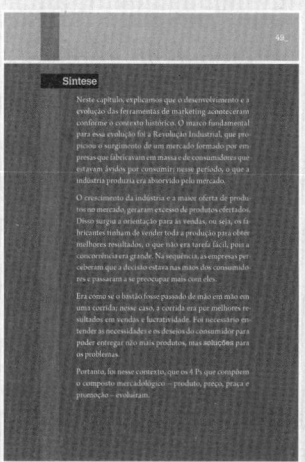

Questões para revisão
Com estas atividades, você tem a possibilidade de rever os principais conceitos analisados. Ao final do livro, são disponibilizadas as respostas às questões, a fim de que você possa verificar como está sua aprendizagem.

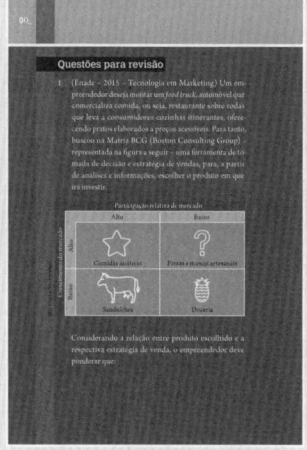

Questões para reflexão

Nesta seção, a proposta é levá-lo a refletir criticamente sobre alguns assuntos e trocar ideias e experiências com seus pares.

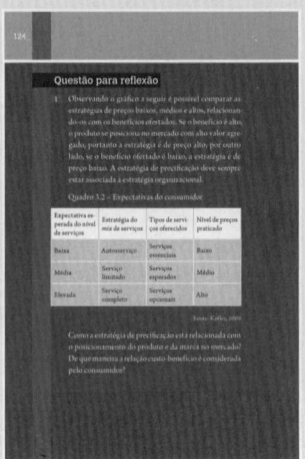

Para saber mais

Você pode consultar as obras indicadas nesta seção para aprofundar sua aprendizagem.

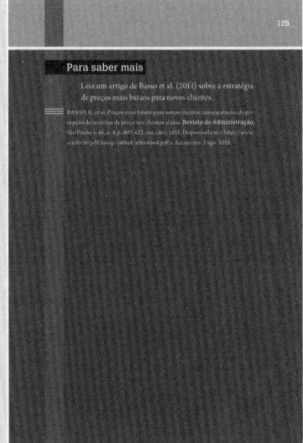

Conteúdos do capítulo:
- Histórico do marketing como ciência.
- Evolução do pensamento em marketing de produto para marketing de relacionamento.
- Evolução de produto e de preço.
- Evolução de praça e de promoção.

Após o estudo deste capítulo, você será capaz de:
1. identificar o contexto histórico que propiciou a evolução do pensamento em marketing;
2. relatar a evolução do pensamento em marketing para marketing de relacionamento;
3. conceituar evolução de produto ou de serviço e de preço;
4. explicar evolução de praça e de promoção.

1
Evolução histórica do marketing_

1.1
Breve histórico do marketing

A denominação *composto mercadológico* foi elaborada por Neil Borden (1964) e propagada por Jerome McCarthy na década de 1960, como os 4 Ps: *produto, preço, praça* e *promoção*. Porém foi Philip Kotler quem popularizou o termo, em um artigo publicado em 1969, como o conjunto de ferramentas que uma empresa usa para atingir seus objetivos de marketing no mercado-alvo. A partir de então, os termos *composto mercadológico, marketing mix* e *4 Ps* ficaram conhecidos.

Para você entender o que é o composto mercadológico, precisa conhecer o contexto no qual as estratégias foram desenvolvidas; sendo assim, viajaremos no tempo para sondar como eram as relações de mercado em diferentes épocas. Para iniciarmos nossa reflexão sobre o desenvolvimento do pensamento no marketing, faremos a seguinte questão: Se houvesse somente uma empresa para atender a segmentos específicos, os gestores estariam preocupados em diferenciar seus produtos (bens tangíveis) ou seus serviços (bens intangíveis)?
Muito bem! A resposta é "não". Se não há concorrência, as empresas não ficam preocupadas em diferenciar produtos e serviços. E a história do marketing segue essa mesma lógica de que é imprescindível a existência de concorrência de mercado para que as empresas desenvolvam estratégias que as tornem competitivas no mercado e que possibilitem a elas obter maior lucratividade por meio das vendas de seus produtos. Segundo a Associação Americana de Marketing (AMA – American Marketing Association; 2018, tradução nossa), "O marketing é uma atividade, conjunto de instituições e processos, para criar, comunicar, entregar e trocar ofertas que tenham valor para os consumidores, clientes, parceiros e sociedade em geral".

Analisemos a seguinte situação: nos primórdios da civilização, as pessoas viviam em tribos nômades, que, sem moradia fixa, viviam da caça, da pesca e da agricultura em determinada região e, quando se esgotavam os recursos, mudavam-se para outra localidade que possibilitasse a sobrevivência por mais um período. Com o passar do tempo, essas tribos perceberam que poderiam fixar residência e adotaram a agricultura de subsistência, cujo propósito era a sobrevivência. Porém, quando houve **excedente** de produção e ocorreu a ideia de que poderiam trocar esses produtos por produções de outras tribos, surgiu uma forma de mercar, também conhecida como *escambo*. Assim, a arte de comercializar se desenvolveu segundo os contextos que marcaram a história da civilização.

A retrospectiva da história do marketing é realizada por vários autores. Santos et al. (2009, p. 92), por exemplo, destacam que "no século XVI foi desenvolvida a economia de mercado, caracterizada por comportamentos humanos no mercado, ou seja, tanto o comprador quanto o vendedor passaram a ser determinantes nas práticas econômicas e sociais". Nos séculos XVI e XVII, a principal figura era o comerciante; já a segunda metade do século XVII foi marcada pela Revolução Industrial, que se iniciou na Inglaterra em 1760. Portanto, ao longo dos anos, a **economia de subsistência** deu lugar à **economia de mercado**.

Nesse cenário, com o surgimento da máquina a vapor e o início da produção em massa, houve maior oferta de mão de obra nos centros urbanos para atender à demanda das indústrias; consequentemente, houve migração do homem do campo para as cidades, surgindo uma nova forma de **divisão social do trabalho**. Inicialmente, todo o processo produtivo era realizado por uma pessoa, o artesão, que realizava desde a aquisição da matéria-prima até a venda do produto final. Com o advento da Revolução Industrial, o conhecimento de todo o processo produtivo passou a ser fragmentado, pois os burgueses (grandes empresários da época, detentores do capital) passaram a ter o controle total da produção e a acumular capital por meio da **mais-valia**: pagavam ao trabalhador uma fração menor do que era produzido por ele durante sua jornada.

Estamos refletindo neste momento sobre o **surgimento do sistema capitalista**, pelo qual os detentores de capital foram se tornando mais fortes e poderosos e a classe trabalhadora foi cada vez mais explorada por meio da produção da mais-valia. Com o acumulo de capital, a burguesia investiu na indústria, em novos maquinários e em pesquisas para utilização de novas matérias-primas, como carvão e ferro. Portanto, o capital acumulado foi aplicado pelos proprietários particulares com fins lucrativos.

Nesse contexto histórico, podemos visualizar a necessidade de a indústria investir cada vez mais em técnicas e ferramentas que possibilitassem o aumento de produtividade, pois as mesmas circunstâncias que levaram o homem do campo para as cidades fizeram a demanda por todo tipo de produto aumentar vertiginosamente. Assim, ao analisarmos a evolução do pensamento em marketing, estamos retomando momentos que marcaram a evolução da economia das nações e das organizações.

1.2
Orientação para produção e para produto

No período em que ocorreu a Revolução Industrial, a indústria privilegiou a eficiência em seus processos produtivos, no que chamamos de *orientação para a produção*. Foi um momento em que a indústria estava fortalecida, pois a demanda era maior que a oferta; então, o que era produzido era vendido. Para exemplificarmos, imagine um pódio com primeiro, segundo e terceiro lugares; nesse contexto, a indústria está no lugar mais alto do pódio, em primeiro lugar, como a detentora do poder; em segundo nível, estão os produtos que ela fabrica, e no degrau mais baixo, os consumidores.

Você pode estar se perguntando: "Atualmente há empresas que focam a produção e deixam em segundo plano as pesquisas para atender às necessidades e aos desejos dos consumidores?". A resposta é "sim", já que algumas empresas utilizam essa estratégia. Um exemplo é a Lenovo, fabricante de computadores que domina o mercado chinês e, seguindo o posicionamento adotado, é altamente competitiva por ter baixos custos e praticar baixos preços. As companhias que adotam esse tipo de estratégia podem olhar somente para os produtos e desconsiderar as mudanças de comportamento dos consumidores.

O foco em marketing sofreu mudanças paradigmáticas ao longo da história, advindas do tipo de orientação das organizações com relação a seu negócio. Inicialmente, as empresas eram tidas como míopes, porque só enxergavam o produto e não as necessidades dos clientes (Levitt, 1960; Anderson, 1982). No artigo "Marketing Myopia" ("Miopia em marketing" em tradução livre), Theodore Levitt (1960) ressalta que a visão curta de muitas empresas é o que as impede de definir adequadamente suas possibilidades de mercado. Por exemplo, a decadência das ferrovias não ocorreu porque houve diminuição na necessidade de transportes de cargas e de passageiros, mas porque as empresas do setor ferroviário deixaram que outras empresas tirassem seu mercado por não atenderem às necessidades dos clientes relativas ao transporte, já que não pensavam como companhias de transporte, mas como empresas do setor ferroviário. Isso deu chance para que empresas dos setores automobilístico e aéreo se fortalecessem, provocando a estagnação no setor de ferrovias.

Ainda há muitas empresas que não prestam atenção ao ambiente externo, como à evolução da tecnologia, deixando de atender a seus clientes e de criar relacionamento com eles. Quando isso ocorre, dizemos que há uma orientação para o produto, pois, segundo Torres e Torres (2013), nas empresas em que a orientação para produção predomina, são valorizadas questões produtivas referentes à expansão e ao uso da capacidade instalada, aos processos operacionais e à eficiência. Executivos e funcionários não se preocupam muito com as necessidades dos clientes e, quando pensam nos consumidores, é para determinar os volumes a produzir.

Essa estratégia estava sustentada na tese de que os consumidores procuram produtos com características inovadoras, desempenho e qualidade. Isso pode levar à miopia de marketing, pois os empresários, responsáveis pelo desenvolvimento de produtos, olham para o mercado sem se preocupar com o que de fato gera valor para o consumidor.

A Olivetti, uma das maiores fabricantes de máquinas de escrever, é considerada um exemplo clássico de miopia em marketing. A empresa focou o produto e tentou aprimorar seu *design*, mas não acompanhou o desenvolvimento da tecnologia e o que isso representaria para os consumidores. Consequentemente, acabou falindo, pois as máquinas foram substituídas pelos computadores, tanto pessoais quanto empresariais.

Ao olharem somente para o produto, as empresas se limitam ao desenvolvimento de atributos e de benefícios, propondo novas cores e novos formatos ou um novo *design*, voltando sua atenção somente para o ambiente interno. Assim, deixam de perceber as tendências de mercado e a mudança de comportamento dos consumidores, que buscam cada vez mais experiências e não somente atributos nos produtos.

1.3
Orientação para vendas

De acordo com Kotler (2000, p. 40), "a orientação de vendas é uma orientação comum em negócios" e as organizações que trabalham com isso devem empreender um esforço agressivo de vendas e promoção. Nas empresas que adotam esse tipo de estratégia, a prioridade é a **comunicação** para realizar trocas com o mercado, seja com os consumidores finais, caso de empresas que vendem para pessoas que consumirão o produto, seja com outras organizações, como é o caso das empresas que vendem para empresas que utilizarão os produtos como matéria-prima ou insumo. A comunicação aqui está relacionada à **propaganda**, considerada um dos elementos do composto mercadológico.

Companhias com essa orientação utilizam equipes fortes de vendas e campanhas intensas de propaganda com o intuito de pressionar as pessoas a adquirir seu produto, até mesmo aquelas que, em um primeiro momentos, não pretendem comprá-lo.

Você já foi abordado por um vendedor que queria convencê-lo a todo custo de que o produto que ele lhe oferecia era o melhor do mundo e que você precisava adquiri-lo? É provável que sim. Imagine que houve uma época em que essa era a estratégia mais eficiente para as empresas venderem seu estoque.

Com o crescente número de indústrias, o mercado mudou, e a oferta passou a ser maior que a demanda. Consequentemente, surgiu a era das vendas, já que havia mais concorrentes e, por conseguinte, maior quantidade de produtos no mercado. Portanto, um conjunto de indústrias disputava o mesmo mercado.

Nessa fase, o marketing foi confundido com a arte de vender e o que se pregava era que "a propaganda é a alma de negócio". As empresas precisavam vender o excedente de produção, uma vez que haviam investido no desenvolvimento de pesquisas para aumentar a produtividade e precisavam pôr em prática técnicas de vendas; o lema era vender tudo o que a empresa fabricasse. Essa visão é contrária à filosofia atual do marketing, pois não havia a preocupação de se conhecer as reais necessidades dos consumidores, mas sim de vender em larga escala. Essa era a abordagem adequada para aquele contexto.

A orientação para as vendas surgiu após as guerras mundiais, quando o mercado começou a conhecer os produtos, já que antes desse período, o consumidor ainda não tinha "necessidades claras" e mal sabia o que poderia querer. A preocupação com o entendimento das necessidades dos consumidores nasceu em uma fase posterior, na era orientada para o consumidor, em que ele já estava engajado no mercado e tinha necessidades sendo despertadas.

Não havia preocupação em desenvolver relacionamentos duráveis e lucrativos com os consumidores, pois as empresas comungavam do pressuposto de que os consumidores gostariam dos produtos que foram persuadidos a comprar e, caso não gostassem, logo esqueceriam a decepção e fariam novas compras (Bartels, 1988). Você pode estar se perguntando: "Existem empresas que adotam essa estratégia nos dias de hoje?". A resposta é "sim"; elas empregam estratégias de dentro para fora, centradas no produto, nas quais investem em produtividade e depois em vendas.

1.4 Orientação para marketing

Durante a segunda metade do século XX, as empresas perceberam que era necessário agregar valor aos produtos para conquistar os consumidores. Foi então que surgiu a era de orientação para o marketing. Kotler (2000, p. 41) sustenta que "a chave para alcançar as metas organizacionais está no fato de a empresa ser mais efetiva que a concorrência na criação, entrega e comunicação de valor para o cliente de seus mercados-alvo selecionados".

Nessa época, mais precisamente em 1978, o professor Jerome McCarthy desenvolveu a teoria dos 4 Ps (produto, preço, praça e promoção), que se tornou a espinha dorsal do marketing, conhecida também como *composto mercadológico* ou *mix de marketing* (Kotler, 2009). Foi também nesse contexto histórico que a competição se tornou mais acirrada e as empresas passaram a perder o poder adquirido em décadas anteriores, por exemplo após a Segunda Guerra Mundial, quando havia uma demanda reprimida e tudo o que fosse ofertado era absorvido pelo mercado.

Assim, as companhias perceberam a necessidade de compreender as reais necessidades dos consumidores para oferecer o produto certo, com o objetivo de satisfazê-los. E como as empresas passaram a conhecer as necessidades e os desejos dos consumidores? Realizando pesquisas, comunicando-se com o mercado em uma concepção de efetuar "um diálogo interativo entre a empresa e seus clientes, nos estágios de pré-vendas, vendas, consumo e pós-consumo" (Kotler, 2000, p. 570). Portanto, quando a indústria perdeu o poder e o consumidor passou a ser o "rei", o mercado começou a ser minuciosamente analisado. Por isso, o marketing é iniciado muito antes da venda de um produto, com pesquisas sobre o tipo de produto a ser produzido, o preço a ser praticado, os pontos de venda mais apropriados e o tipo de promoção mais adequada para atender ao público-alvo.

Isso permite nos concluir que a **orientação para as vendas** está centrada nos **produtos** existentes e a **orientação para o marketing** está centrada nas necessidades dos **consumidores**. Porém, não é tarefa fácil para as empresas mapear as necessidades de seus consumidores; é preciso entender todo o ambiente externo e o interno que compõem o contexto de marketing. O ambiente externo, segundo Torres e Torres (2013), engloba agentes, fatos, mudanças e tendências ligadas aos seguintes domínios: economia, política, legislação, cultura, tecnologia (de forma mais ampla), concorrência, fornecedores, distribuidores e consumidores (de modo mais restrito). O ambiente interno está relacionado a recursos, competências, planos e cultura organizacional.

Segundo Kotler e Armstrong (2014), podemos verificar a comparação entre a orientação para vendas e a orientação para o marketing analisando os seguintes aspectos: ponto de partida, foco, meios e fins. Observe o Quadro 1.1.

Quadro 1.1 – Características de orientação para vendas e orientação para o marketing

	Orientação para vendas	Orientação para o marketing
Ponto de partida	Produtos	Mercado
Foco	Produtos existentes	Necessidades do cliente
Meios	Vendas e promoção	Marketing integrado
Fins	Lucros pelo volume de vendas	Lucro para satisfação do cliente

Fonte: Elaborado com base em Kotler; Armstrong, 2014.

Segundo Kotler (2000, p. 41), Theodore Levitt, de Harvard, elaborou uma comparação perspicaz entre as orientações de vendas e de marketing, defendendo que as vendas consideram as necessidades do vendedor, e o marketing, as necessidades do comprador, pois "A venda preocupa-se com a necessidade do vendedor de converter seu produto em dinheiro, o marketing, com a ideia de satisfazer as necessidades do cliente por meio do produto e de todo um conjunto de coisas associado a sua criação, entrega e consumo final".

1.5

De marketing para marketing de relacionamento

Na evolução do pensamento em marketing, segundo Kotler (2017), passamos do marketing 1.0, centrado no produto, para o marketing 2.0, centrado no consumidor; na sequência, para o marketing 3.0, centrado no ser humano, e em 2017 alcançamos o marketing 4.0, centrado nas interações *on-line* e *off-line* entre empresas e consumidores. Em um mundo cada vez mais conectado, as empresas estão mais flexíveis e se adaptam às novas tecnologias para melhorar a produtividade do marketing com o intuito de fortalecer o engajamento do cliente: "A conectividade é possivelmente o mais importante agente de mudança na história do marketing" (Kotler, 2017, p. 34).

Figura 1.1 – Evolução do marketing tradicional para o marketing 4.0

Baixo envolvimento ←

- Marketing 1.0 — Centrado no produto
- Marketing 2.0 — Voltado para o consumidor
- Marketing 3.0 — Centrado no ser humano
- Marketing 4.0 — Marketing horizontal, inclusivo e social

→ Alto envolvimento

O relacionamento com os clientes passou a ter maior **engajamento**, pois, com a crescente complexidade dos mercados e as mudanças da estrutura nas relações de trabalho e comerciais, surgiu a necessidade de encurtar o distanciamento entre empresas e clientes. Para que isso ocorresse, foi necessário ir além de entregar produtos que satisfizessem as necessidades e os desejos, foi necessário criar valor e satisfação para os consumidores: "O marketing de relacionamento é uma filosofia empresarial que prevê a construção e a manutenção de relacionamentos individuais com os clientes, vislumbrando um horizonte de longo prazo" (D'Angelo; Schneider; Larán, 2006, p. 73).

Como já destacamos, o marketing sofreu uma evolução gradual ao longo do século XX. Porém, foi na década de 1980 que se tornou um elemento-chave para a competitividade das empresas. Segundo Rolon, Monfort e Alves (2014), apesar de ainda estar em estágio de desenvolvimento, o marketing de relacionamento pode ser considerado um dos mais importantes temas da atualidade, em especial quando se trata de estratégias competitivas.

É óbvio que desenvolver produtos com valor agregado requer um nível de investimento maior, tanto em recursos financeiros quanto em recursos humanos, no caso de serviços. Portanto, segundo Rolon, Monfort e Alves (2014), é necessário fazer um estudo de viabilidade analisando-se a rentabilidade dos clientes antes e após a implantação do programa de marketing de relacionamento. Isso porque se espera que, com a implantação do programa de marketing de relacinamento, 80% dos clientes repitam as compras.

Zenone (2010, p. 35) faz o seguinte questionamento: "se você não der um passo para servir seus clientes da forma como eles querem ser servidos, e o seu concorrente o fizer, como isso afetará você e a sua empresa?". Preço baixo e qualidade já não são considerados diferenciais, pois o consumidor, consciente de seus direitos, exige essas especificações como o mínimo a ser ofertado; se for necessário, o consumidor exigirá seus direitos. Segundo Bretzke (2000), um programa de fidelização deve expressar algo muito especial para os consumidores e agregar valor, pois somente assim ele será fiel à empresa, aos produtos e à marca. De modo mais eficaz, os **programas de fidelização** devem ser customizados, desenvolvidos especialmente para determinado público-alvo.

De tal maneira, o marketing é considerado uma filosofia que tem por objetivo entender cada um dos clientes para poder atendê-los da melhor maneira possível, já que "pesquisas revelam que 95% dos clientes das empresas que praticam o marketing de relacionamento são clientes há mais tempo e somente 5% são clientes novos" (Rolon; Alves; Monfort, 2014, p. 34). Segundo Kotler (2000), conquistar novos clientes custa de cinco a sete vezes mais do que manter clientes atuais; portanto, a estratégia deve ser manter por um longo período de tempo os clientes conquistados.

Devemos considerar também que a internet e o **comércio eletrônico** estão revolucionando a comunicação e o varejo em todo o mundo, pois as fronteiras que anteriormente eram consideradas barreiras para a comercialização de produtos entre países deixaram de existir. Assim, embora exista uma divisão entre eras do desenvolvimento do marketing (Quadro 1.2), essas fases não são estanques e há uma sobreposição entre

1 Evolução histórica do marketing

elas que possibilita verificarmos uma tendência do que poderá acontecer nos próximos anos. Por isso, é necessário que o gestor monitore o ambiente para tomar decisões assertivas.

Quadro 1.2 – Do marketing 1.0 ao marketing 4.0

Marketing	1.0	2.0	3.0	4.0
Objetivos	Vender produtos	Satisfazer consumidores	Fazer do mundo um lugar melhor	Conectar pessoas e empresas
Força propulsora	Revolução industrial	Tecnologia da Informação	Nova onda da tecnologia	Conectividade
Como as empresas veem o mercado	Compradores em massa	Comprador inteligente	Ser humano pleno, com coração, mente e espírito	Horizontal, inclusivo e social
Conceito de MKT	Desenvolvimento de produtos	Diferenciação	Valores	Experiência de "onicanal"
Interação com os consumidores	Transação do tipo um para um	Relacionamento do tipo um para um	Colaboração um para muitos	Conexão *on-line* e *off-line*

Fonte: Elaborado com base em Kotler, 2017.

Segundo Kotler e Armstrong (2015, p. 73), "O ambiente de marketing de uma empresa é constituído pelos atores e pelas forças externas que afetam a capacidade de administração de marketing de construir e manter bons relacionamentos com o clientes-alvo".

1.6
Evolução de produto e serviço e de preço

Ao acompanharmos a evolução dos mercados desde a Revolução Industrial até os dias atuais, podemos verificar inúmeras mudanças tanto em produtos quanto em serviços. Porém, com o desenvolvimento da tecnologia nas últimas décadas, a mudança foi mais acentuada, sobretudo no que diz respeito a produtos tangíveis, como carros, TVs, smartphones etc. Compare como eram esses bens quando você os conheceu e como eles estão atualmente; provavelmente estão diferentes.

Para exemplificar, pensemos em roupas. Até a década de 1990, as lojas que comercializavam tecidos estavam em um ambiente com taxa de crescimento de mercado considerada alta. A partir do momento em que as portas para o mercado internacional se abriram, produtos de toda parte do mundo passaram a ser ofertados no Brasil e o mercado se tornou muito mais competitivo. Como consequência, as roupas prontas passaram a ser mais baratas do que aquelas que passavam pelo processo de compra de tecido, busca por alfaiate ou costureira e tempo de produção até o produto final. Isso evidencia que o ambiente não é estático, e o profissional precisa selecionar e tratar esses dados para transformá-los em conhecimento válido na administração de marketing.

Os produtos intangíveis também evoluíram? Pense em algum tipo de serviço que você tenha adquirido recentemente, pode ser um corte de cabelo, um filme no cinema ou a hospedagem em um hotel. Em nenhum desses exemplos você leva para casa o produto físico, apenas a experiência dos serviços, que pode gerar satisfação ou insatisfação.

Mas como os serviços evoluíram? Considere um restaurante em um domingo de Dia das Mães: as filas são enormes e o tempo de espera é grande. Atualmente, existem aplicativos que permitem deixar o nome em uma lista de espera e dar uma volta, no caso de estar em um *shopping*, por exemplo, pois o programa indica o andamento da fila e comunica quando chega sua vez de ser atendido. A **tecnologia** possibilita maior comodidade e praticidade e por isso as empresas devem estar atentas a ela, investindo nos benefícios que ela pode proporcionar e implantando-a para melhor atender a seus consumidores.

Com relação à **evolução dos preços**, a abertura de novos mercados, principalmente para a participação do mercado chinês, fez baixarem valores considerados exorbitantes para muitas categorias de produtos. Um ótimo exemplo são as luzes de Natal, que até a década de 1980 eram consideradas um produto caro para a classe C e atualmente seu preço é considerado bastante acessível. Isso acontece porque há grande oferta de produtos oriundos do mercado chinês, que, por ter mão de obra em abundância, entre outras variáveis econômicas favoráveis, possibilita um preço bastante atrativo para o consumidor final. Abordaremos esse tema com maior profundidade no próximo capítulo.

1.7
Evolução de praça e de promoção

Por muito tempo, o marketing foi tido apenas como função de distribuição. Assim, no processo evolutivo, o "P" referente a *praça* passou a abranger toda a cadeia de **distribuição** dos produtos, desde os fornecedores até o consumidor final, pois, segundo Dias et al. (2003, p. 126), "distribuição é o fluxo de bens e/ou serviços de um produtor a um consumidor ou usuário final". Essa evolução pode ser percebida no contexto histórico que analisamos no início deste capítulo, já que, com a evolução de uma economia de subsistência para uma economia de livre mercado, de uma produção artesã para uma produção em massa, foi necessário ofertar produtos em pontos de vendas e diferenciá-los daqueles da concorrência. Na década de 1950, eram muito comuns os secos e molhados, comércios que costumavam ofertar grande variedade de mercadorias, onde os produtos considerados *commodities* eram vendidos a granel e não havia diferenciação de marcas. Hoje, os mercados são minuciosamente estudados para atender a parcelas específicas de consumidores: os direcionados aos estratos C e D focam preço baixo, e aqueles destinados às classes A e B focam serviços e produtos importados ou de maior valor agregado.

A **promoção** é a maneira como a empresa comunica seus produtos e sua proposta de valor para os clientes, pois "não é uma ferramenta única, mas é um composto de várias ferramentas para transmitir uma mensagem clara, consistente e convincente sobre seus produtos" (Kotler; Armstrong, 2014, p. 446). No que diz respeito ao "P" que se refere a *promoção*, a evolução se deu paralelamente à dos demais Ps; conforme o marketing se tornava mais direcionado a atender a segmentos específicos de consumidores, a comunicação teve de acompanhar a tendência.

Se na era da produção tudo o que era produzido era vendido, não havia motivo para grandes investimentos em comunicação; porém, com o passar dos anos e com as mudanças no cenário – passagem da era da produção para a era das vendas –, a comunicação começou a ter um papel importante, ainda que fosse para "empurrar" o que estava sendo produzido. Na era do marketing, quando o consumidor passou a ser o protagonista de todas as ações desenvolvidas, a comunicação estava centrada em ouvir o consumidor para que lhe fosse ofertado aquilo de que ele necessitava e conforme suas preferências. Na era do marketing de relacionamento, a comunicação passou a ser uma via de mão dupla, pois os consumidores fazem parte da cocriação, que será abordada no próximo capítulo.

Estudo de caso

Com dois filhos e esposa, na década de 1970, um senhor chamado Joaquim ouviu dizer que o Estado de Goiás era um lugar que estava prosperando. Então, considerou tentar a sorte longe dos familiares e para lá se mudou. Antes de tomar essa decisão, pensou no que poderia fazer para ganhar dinheiro, uma vez que suas economias eram poucas, e fez as seguintes reflexões: "No que sou bom? O que faço bem e que todos elogiam?". Ele sabia fazer churrasco muito bem, por isso decidiu que abriria uma churrascaria com as economias que tinha conseguido poupar ao longo da vida.

A churrascaria Carne Forte abriu em 1978 na região metropolitana de Goiânia (GO), um lugar simples que servia costela acompanhada de arroz, maionese e salada de tomate. No local, trabalhavam ele na churrasqueira e a esposa na cozinha. Para ajudar no serviço do dia a dia, contrataram um garçom para servir as mesas. No início, foi difícil fazer clientela, mas como a churrascaria estava localizada próximo à estrada que liga Goiás a Minas Gerais, havia o movimento de caminhoneiros e de turistas que por ali passavam.

Logo a fama do bom churrasco se espalhou, o lugar ficou conhecido e começou a ficar pequeno. Foi então que Joaquim e a companheira decidiram que estava no momento de crescer e procurar um novo endereço para o empreendimento. Assim, decidiram se mudar para o centro de Goiânia.

Nos primeiros dois meses, o movimento foi fraco e os donos ficaram assustados, pois tudo o que haviam ganhado com a churrascaria no antigo endereço havia sido aplicado no novo negócio. O que deveriam fazer para reverter a situação? Perceberam que seria necessário contratar um administrador para gerir o negócio.

Assim que o administrador contratado por Joaquim ficou a par da situação, deu início a um planejamento estratégico (PE).

Então surge a questão: Se você fosse o administrador contratado, como iniciaria o PE para a churrascaria?

Primeiramente, é necessário saber quais são os valores importantes para os proprietários, pois de nada adianta colocar no papel palavras lindas, de efeito midiático, se não refletirem as atitudes dos donos. Qual é o público-alvo que a churrascaria deseja atingir? Como pretende se posicionar no mercado? Quais são as metas a serem alcançadas em curto, médio e longo prazos?

Após essa análise, o administrador iniciou uma pesquisa de mercado para conhecer a praça, ou seja, a localização na qual a churrascaria foi instalada, o perfil do público-alvo, os concorrentes, o que eles ofertavam e o que era considerado valor para a clientela a que atendiam. Com todas essas informações e o entendimento do que se esperava para longo prazo, o administrador começou a traçar a missão, a visão e os valores da organização.

A estratégia dos 4 Ps foi desenvolvida por meio das pesquisas de mercado que demonstraram que o perfil do público-alvo era das classes A e B. Assim, iniciaram mudando o nome da churrascaria, que passou a se chamar Goiania's Grill, com um apelo de sofisticação na reforma do local e mudança da fachada e das instalações da churrascaria.

O *mix* de produtos também foi alterado, com maior variedade de saladas, pratos quentes e frios no *buffet*. A precificação passou a ser definida pelo retorno sobre o investimento, acompanhando a oferta de maior variedade de produtos e a qualidade, pois isso é considerado valor pelo consumidor. A promoção, ou seja, toda a comunicação passou a ser direcionada para o público-alvo específico e foi implantado o Customer Relationship Management (CRM), ou seja, o gerenciamento de relacionamento com o consumidor.

A partir da implantação das ferramentas do composto mercadológico, em consonância com o planejamento estratégico da empresa, o movimento da churrascaria aumentou gradativamente e foram desenvolvidos indicadores para acompanhamento de resultados. Portanto, as ferramentas do composto mercadológico foram aplicadas nesse novo negócio, o que resultou em maior lucratividade.

Síntese

Neste capítulo, explicamos que o desenvolvimento e a evolução das ferramentas de marketing aconteceram conforme o contexto histórico. O marco fundamental para essa evolução foi a Revolução Industrial, que propiciou o surgimento de um mercado formado por empresas que fabricavam em massa e de consumidores que estavam ávidos por consumir; nesse período, o que a indústria produzia era absorvido pelo mercado.

O crescimento da indústria e a maior oferta de produtos no mercado geraram excesso de produtos ofertados. Disso surgiu a orientação para as vendas, ou seja, os fabricantes tinham de vender toda a produção para obter melhores resultados, o que não era tarefa fácil, pois a concorrência era grande. Na sequência, as empresas perceberam que a decisão estava nas mãos dos consumidores e passaram a se preocupar mais com eles.

Era como se o bastão fosse passado de mão em mão em uma corrida; nesse caso, a corrida era por melhores resultados em vendas e lucratividade. Foi necessário entender as necessidades e os desejos do consumidor para poder entregar não mais produtos, mas **soluções** para os problemas.

Portanto, foi nesse contexto, que os 4 Ps do composto mercadológico – produto, preço, praça e promoção – evoluíram.

Questões para revisão

1

(Enade – 2012 – Tecnologia em Marketing) Criador de conceitos como marketing social, megamarketing, entre outros, Kotler defende agora um novo patamar no mundo dos negócios: o marketing 3.0, no qual as companhias realmente compreendem seus clientes e partilham dos mesmos valores. "Nessa fase, a empresa se preocupa com a situação do mundo e quer contribuir para melhorá-lo", pontua Kotler. O autor avalia que 70% das empresas estão em um estágio de marketing 1.0, 25% já estão no marketing 2.0 e apenas 5% vivem o marketing 3.0. Mas essa realidade não é exclusiva do Brasil. As práticas de marketing estão evoluindo de forma gradativa.

Considerando que há 60 anos o marketing não existia, Kotler avalia que a mudança acompanha a evolução dos próprios mercados. Isso porque, no passado, havia escassez de produtos. Logo, não havia a necessidade de uma estrutura de marketing, mas sim um "desmarketing", como o autor caracteriza, ou seja, era preciso a redução da demanda.

De acordo com Kotler, as empresas que não acreditam no valor de um trabalho sustentável, acabam contribuindo para a sua inviabilidade no longo prazo. "Se negligenciarmos a sustentabilidade, voltaremos à era de escassez. Se não fizermos o que é certo, entraremos na era do 'desmarketing'", posiciona-se.

Tendo a visão clara de que o marketing é a ciência de gerenciamento da demanda, Kotler acredita que o modelo tradicional tende a minguar com o tempo. Isso abre espaço para práticas de criação, comunicação e transmissão de valor aos clientes.

"O marketing 1.0 era centrado no produto; o marketing 2.0 era orientado para o cliente e, agora, o marketing 3.0 é orientado por valores", explica. Mais do que isso, Kotler diz que "estamos em uma era em que a cultura da sua empresa é o conjunto de valores que você representa para os seus clientes".

Disponível em: <http://br.hsmglobal.com/artigos>. Acesso em: 10 jul. 2012 (adaptado).

Com base na situação descrita, avalie as asserções a seguir e a relação proposta entre elas:

I As empresas estão evoluindo na forma de pensar, agir e implementar o marketing e, nesse processo evolutivo, a empresa muda o foco, do produto para o cliente, e, desse, para valores. O marketing 3.0, proposto por Kotler, representa a mudança de comportamento das empresas na busca de práticas adequadas para um mundo melhor.

PORQUE

II O foco e a orientação por valores decorrem da necessidade organizacional de ser sustentável e de desenvolver sua responsabilidade social, especialmente em um mundo no qual os clientes, informados e conscientes, buscam novos valores.

Acerca dessas asserções, assinale a opção correta:
a As asserções I e II são proposições verdadeiras, e a II é uma justificativa da I.
b As asserções I e II são proposições verdadeiras, mas a II não é uma justificativa da I.
c A asserção I é uma proposição verdadeira, e a II é uma proposição falsa.
d A asserção I é uma proposição falsa, e a II é uma proposição verdadeira.
e As asserções I e II são proposições falsas.

2 A evolução do marketing 1.0, centrado no produto, para o marketing 2.0, centrado nas vendas, para o marketing 3.0, centrado em valores, e atualmente para o marketing 4.0, centrado em conectividade, deu-se em virtude de:
I os clientes exigirem maior comprometimento das empresas em relação aos valores compartilhados pela sociedade em geral.
II as empresas se comunicarem de forma unilateral com seus clientes, passando uma ideia de integração vertical.
III a evolução da tecnologia, aliada ao maior nível de informação dos consumidores, possibilitar a conexão de comunidades no mundo todo.

Assinale a opção correta:
a   Somente a alternativa I é correta.
b   Somente a alternativa III é correta.
c   As alternativas I e II são corretas.
d   As alternativas I, II e III são corretas.
e   As alternativas I e III são corretas.

3   Supondo que as câmeras digitais, apesar da forte queda nas vendas, continuassem sendo comercializadas, poderíamos inferir que as organizações que as produzem voltam-se para o produto, pois, mesmo com a concorrência, a produção teria continuidade. Uma organização que tem a orientação voltada para o produto tem como base:
a   produção e distribuição.
b   qualidade e aperfeiçoamento.
c   venda constante, que leva o produto para todos.
d   desenvolvimento de produtos e de serviços de acordo com as necessidades e os desejos dos clientes.
e   produção, distribuição e venda com responsabilidade econômica, social e ambiental.

4   Qual é o marco histórico que culminou na evolução para o pensamento em marketing?

5   De acordo com Shimoyama e Zela (2017), a orientação para as vendas parte do pressuposto de que se faz necessária a indução dos clientes para a compra. Como exemplo, podemos citar os hotéis, que, com a existência de uma oferta variada, devem se preocupar em vender quartos e garantir a lotação máxima de seus apartamentos.

Considerando essas informações e seus estudos, cite no mínimo duas características relacionadas às empresas com orientação para as vendas.

Questões para reflexão

1   Cocriação: você sabe o que é?

Como explicitamos ao longo do capítulo, por muito tempo as empresas ofertaram produtos para os consumidores sem se preocupar com as reais necessidades e com os desejos deles. Tendo aumentado a competitividade, passou a haver inovação constante.

Esse contexto tem transformado o modo de pensar e agir das empresas, que buscam entregar soluções aos consumidores. Isso só é possível por meio do engajamento e da participação das pessoas e gera benefícios para todos: consumidores, acionistas, colaboradores e a sociedade como um todo.

Cocriar é criar com os consumidores. Por exemplo, na tradicional empresa The Lego Group, os clientes propõem novas ideias em uma comunidade *on-line* e, quando uma boa ideia alcança 10 mil votos, a empresa a viabiliza com a aprovação do criador. A maioria das empresas está envolvendo os consumidores, para que eles sinalizem as necessidades não atendidas e possibilitem investir em inovações ou melhorias. Essa tem se mostrado uma vantagem competitiva mesmo que de curto prazo, pois logo a concorrência pode copiar as estratégias. Por isso, a empresa precisa se reinventar para sobreviver no mercado em constantes mudanças.

Imagine que você é o gerente de uma lanchonete que pretende inovar em seu *mix* de produtos. Como utilizar a ferramenta de cocriação nesse processo?

Para saber mais

Leia o texto de Tiago Damazio e saiba mais sobre a evolução do marketing.

DAMAZIO, T. Diferença entre marketing 1.0 e 4.0. Melhore seu negócio, 19 mar. 2017. Disponível em: <https://melhoreseunegocio.blogspot.com.br/2017/03/marketing-do-10-ao-40.html>. Acesso em: 31 jul. 2018.

Conteúdos do capítulo:
- Composto de produto.
- Classificação de produtos.
- Categorias de produtos.
- Embalagens e rotulagens.
- Ciclo de vida de produtos.

Após o estudo deste capítulo, você será capaz de:
1. definir o composto de produto;
2. especificar características e classificação de produtos e de serviços;
3. diferenciar a gestão de linhas e de categorias de produtos;
4. definir embalagem, rotulagem e garantias;
5. trabalhar com o ciclo de vida do produto.

2
Análise de mercado: "P" de *produto*

2.1
Composto de produto

O que é produto?

Você teve de pensar um pouco antes de responder? De fato, essa pergunta nem sempre é fácil de ser respondida. Vale, então, analisarmos como Kotler e Armstrong (2015, p. 244) conceituam esse primeiro "P" do composto mercadológico: "Produto é qualquer coisa que pode ser oferecida a um mercado para apreciação, aquisição, uso ou consumo e que pode satisfazer um desejo ou uma necessidade". Assim, inclui bens físicos, serviços, experiências, eventos, pessoas, lugares, propriedades, organizações, informações e ideias.

Quando Kotler e Armstrong (2015) afirmam que produto pode ser *qualquer coisa*, referem-se a um produto tangível – algo que podemos manusear, tocar, cheirar, como um smartphone, uma televisão, um perfume, uma furadeira etc. –, um produto intangível – conserto de um carro, corte de cabelo, serviço de hotel etc. – ou ainda uma pessoa. E como uma pessoa pode ser considerada um produto? Um político, por exemplo, é um produto oferecido ao mercado e que muitos compram ao o elegerem para exercer um cargo público.

Assim como os políticos, as ideias podem ser consideradas produtos; divulgadas e disseminadas para a sociedade, muitos as compram e as defendem com veemência. Ainda aplicando o conceito de Kotler e Armstrong (2015), cidades, estados e países também podem ser considerados produtos, quando são divulgados seus aspectos turísticos, movimentando milhões de reais por ano, como acontece com a cidade de Gramado, na Serra Gaúcha.

Independentemente da classificação do produto, conforme exposto, é fundamental para seu sucesso um **posicionamento** no mercado. Antes da produção, o fabricante precisa não somente conhecer o público-alvo, mas também definir como se posicionará no mercado. A empresa, por meio de seus gestores, deve manter o **alinhamento vertical entre a estratégia organizacional e as estratégias de marketing**. A definição do produto, bem como dos demais elementos do composto mercadológico, os 4 Ps, deriva de decisões estratégicas, no que Torres e Torres (2013, p. 35) chamam de "consistência vertical", o que significa dizer que a empresa deve pensar em um alinhamento entre mercado-alvo, posicionamento e estratégias competitivas.

Assim, o composto de marketing é definido em conformidade com as características do mercado-alvo e das propostas de posicionamento. Por exemplo, se a estratégia da empresa é atingir o público de alta renda e definiu como segmentação geográfica as cidades de São Paulo (SP), Rio de Janeiro (RJ), Curitiba (PR) e Brasília (DF), por terem as maiores concentrações de pessoas que se enquadram na classe A, os produtos desenvolvidos devem ter valor agregado, ser considerados de luxo, ter preços altos, obedecer a estratégia de *skimming* (abordaremos as estratégias de preço no Capítulo 3) e ser de distribuição exclusiva, com poucos pontos de venda (trataremos da estratégia de distribuição no Capítulo 4). Entretanto, se a empresa definir que seu público-alvo será de baixa renda e que sua atuação geográfica se dará em território nacional, o produto desenvolvido não terá valor agregado, o preço será baixo e a distribuição será em massa.

Os produtos devem ser considerados conforme o posicionamento pretendido. Kotler e Keller (2006) os classificam em cinco níveis:

1. núcleo;
2. produto básico;
3. produto esperado;
4. produto ampliado;
5. produto potencial.

O nível 1, o núcleo, é formado exclusivamente pelos benefícios, e o consumidor adquire o produto visando à funcionalidade. No caso de um hotel, por exemplo, o benefício central é acomodação. No nível 2, o produto básico do hotel é a cama e o banheiro com chuveiro quente e frio. No nível 3, o produto esperado é um quarto com cama e roupas de cama limpas, banheiro com ducha quente e fria, toalhas de banho e de rosto. No nível 4, o produto ampliado é mais de uma opção de travesseiro para que o hóspede escolha a altura que prefere para dormir, além de ducha quente e fria, toalhas de banho e de rosto, secador de cabelo, xampu e condicionador. No nível 5, o produto potencial é, além do quarto com cama confortável e roupas de cama limpas, roupão de banho, ducha quente e fria, secador de cabelos, xampu, condicionador e cremes para o corpo, serviço de restaurante 24 horas e entrega de jornal no quarto, conforme a preferência do cliente.

A questão é como gerenciar esses níveis de produtos, pois, a partir do momento em que um diferencial é agregado ao núcleo do produto ou do serviço, a concorrência realiza um *benchmarking* (processo de comunicação de práticas empresariais, produtos e serviços); logo o nível de núcleo é superado e se passa a considerar o nível de esperado para aquele produto. Isso significa que as empresas devem investir constantemente em inovação para se diferenciar da concorrência, já que a maioria dos produtos se tornou *commodities*.

Assim foi e continua acontecendo com a indústria automobilística. Os carros têm a função básica de transporte; direção, rodas e bancos são o esperado. As indústrias passaram a ofertar direção hidráulica, freios ABS e *airbag* como acessórios de luxo no nível de produto ampliado na mente dos consumidores. Porém, algumas montadoras passaram a ofertá-los como itens de série e atualmente não são mais considerados no nível de produto ampliado, e sim no nível básico (atendendo à legislação vigente). Segundo Kotler e Armstrong (2014), é necessário gerenciar os níveis de produtos para que a empresa possa competir no mercado, buscando sempre um diferencial e se reinventando, atenta às mudanças de hábitos e às tendências do mercado.

Figura 2.1 – Níveis de produto

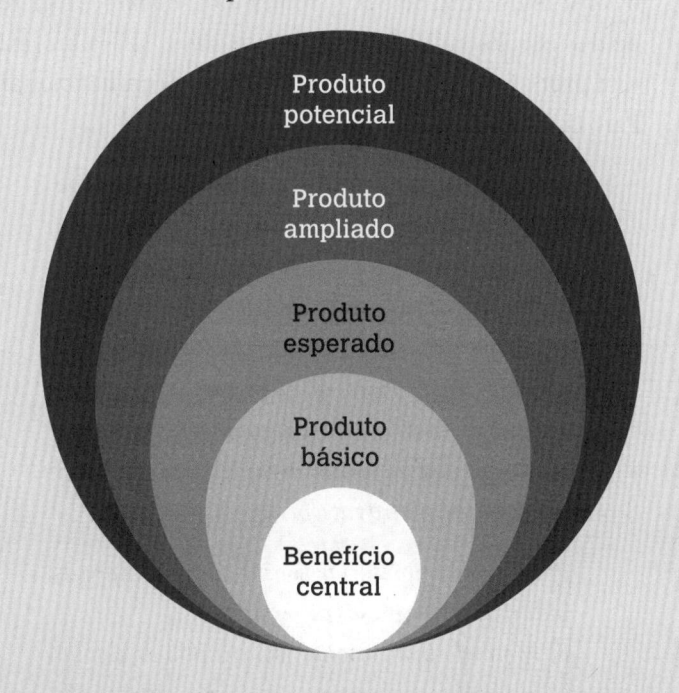

- Produto potencial
- Produto ampliado
- Produto esperado
- Produto básico
- Benefício central

Empresas de sucesso encantam os clientes ao superar suas expectativas em relação aos produtos ofertados, agregam benefícios às ofertas que não somente satisfazem os clientes mas também os surpreendem. **Encantar é um modo de exceder as expectativas**, segundo Kotler (2000).

2.2 Características e classificação de produtos

Produtos são classificados para dois mercados específicos: o consumidor final no B2C (*business-to-consumer*) e o mercado de negócios no B2B (*business-to-business*). Portanto, existem **produtos de consumo** e **produtos organizacionais**. Para Dias et al. (2003, p. 44),

> *O mercado de Bens de Consumo B2C é constituído por meio de famílias e indivíduos que adquirem produtos e serviços para consumo pessoal, o mercado de negócios é constituído de organizações que compram bens e serviços a serem usados na produção de outros produtos ou na prestação de serviços, que são revendidos, alugados ou fornecidos para outras pessoas ou outras organizações e pode ser dividido em quatro categorias:*
>
> *a) Mercado empresarial: constituído por empresas industriais e empresas de serviços.*
> *b) Mercado institucional: constituído de escolas, hospitais, casas de repouso, prisões e outras instituições que fornecem bens e serviços às pessoas que estão sob seus cuidados.*
> *c) Mercado governamental: como o próprio nome indica, constituído de governos municipais, estaduais e federais, autarquias e sociedades mistas.*

2 Análise de mercado: "P" de *produto*

d) Mercado revendedor: constituídos de empresas atacadistas e revendedores que compram produtos e serviços para revenda.

Nosso enfoque será no mercado de produtos B2C, destinado ao consumidor final. Quando uma empresa decide lançar um produto, certamente realiza pesquisas de mercado para conhecer as necessidades e os desejos dos consumidores. Assim, a empresa não oferece produtos para o mercado, mas soluções para seus **clientes** e consumidores. É importante lembrarmos que clientes são todas as pessoas que compram ou poderão comprar da empresa, e **consumidores** são as pessoas que de fato usam o produto.

Os produtos de consumo podem ser classificados com base no modo como os consumidores os compram. Observe, a seguir, como Kotler e Armstrong classificam os produtos.

Produtos de conveniência: são produtos comprados frequentemente com pouca comparação ou esforço de compra e praticamente não há envolvimento do consumidor. O preço é baixo, a distribuição ampla, em locais convenientes, para atender a um grande número de pessoas. A promoção é feita em massa, para atingir a uma grande população que adquire o produto. Exemplos são as pastas de dentes, sabão, arroz, feijão, entre outros.

Produtos de compra comparada: a compra é menos frequente, há muito planejamento e esforço de compra, comparação das marcas quanto a preço, qualidade e estilo. O preço é mais alto e a distribuição é seletiva, ou seja, em poucos pontos de venda. Propaganda e venda pessoal promovidas pelos produtores e pelos revendedores. Exemplos: eletrodomésticos, televisores, móveis e roupas.

Produtos de especialidade: forte preferência e lealdade por marcas, esforços especiais de compra, pouca comparação entre as marcas, pouca preocupação com o preço, que é alto. A distribuição é exclusiva em um único ou poucos pontos de venda, por área de mercado. Promoção mais bem orientada, promovida pelo produtor e pelos distribuidores. Produtos de luxo, como relógios Rolex, canetas Montblanc e carros como Ferrari são alguns exemplos.

Produtos não procurados: há pouco conhecimento do produto ou pouco interesse ou ainda nenhum interesse. O preço é variado. Assim como a distribuição. A propaganda e a venda pessoal promovida pelo produtor e pelos distribuidores é agressiva. Exemplo são os seguros de vida e doação de sangue.

Fonte: Kotler; Armstrong, 2014, p. 247.

É importante conhecermos a classificação dos produtos e dos serviços, porém é necessário lembrarmos que tanto os produtos quanto os serviços são ofertados para criar e despertar **experiências prazerosas**, pois as pessoas não compram produtos, e sim experiências, segundo Kotler e Armstrong (2015). Um exemplo clássico é a Nike, que simplesmente deixou de vender apenas sapatos e passou a ter um relacionamento com os consumidores ao não se preocupar tão somente com os atributos do calçado, mas também com o que as pessoas vivem ao usá-los. A empresa tem diversas lojas Niketown espalhadas pelo mundo, nas quais há uma profunda conexão entre a marca e os consumidores; duas vezes por semana, pessoas que têm estilos de vida parecidos se encontram nesses espaços para compartilhar histórias.

Além de fazer um registro do desempenho dessas pessoas na corrida ou em qualquer outro esporte, a Nike desenvolveu o Nike Coach, uma espécie de *personal trainer* que dá dicas aos consumidores sobre como obter maior e melhor desempenho em competições. As experiências que essas pessoas vivenciam criam um forte relacionamento com a marca e possibilitam à empresa desenvolver produtos melhores de acordo com as necessidades e os desejos de seus consumidores, que estão muito próximos dela.

2.3
Linhas e categorias de produtos

No caso de desenvolvimento de novos produtos, consideremos as mudanças ocorridas nas últimas décadas, por exemplo, no que diz respeito às livrarias. Até a década de 1980, elas tinham balcão para atender aos clientes; a partir da década de 1990, passaram a ter um novo formato, oferecendo aos clientes, além de livros, revistas, jornais, filmes, espaço para as crianças brincarem, espaço para sentar e tomar café. Atualmente, tornaram-se pontos de encontro com amigos em um ambiente acolhedor e descontraído.

As mudanças são constantes. No caso das livrarias, a tendência é a de que haja mudanças radicais nos próximos anos, pois a maneira de consumir os produtos que elas oferecem está mudando e as pessoas podem optar por terem livros em outros formatos que não o impresso. Em um único aparelho eletrônico, milhares de livros virtuais podem ser armazenados. Com exemplos de inovações que oferecem muito mais praticidade para os consumidores, algumas empresas estão cada vez mais próximas de seus clientes para entender suas necessidades e seus desejos e poder atendê-los. A inovação tecnológica do *e-reader*, como o Kindle, não representa o fim do livro de papel; pelo contrário, pesquisas realizadas pela consultoria Euromonitor International apontam quedas consecutivas nas vendas dos *e-readers* em razão da ascensão de *smartphones* com telas maiores que agregam várias funções e aos baixos índices de leitura no mundo todo (Capelas; Klojda, 2017).

Figura 2.2 – Categorias de produto

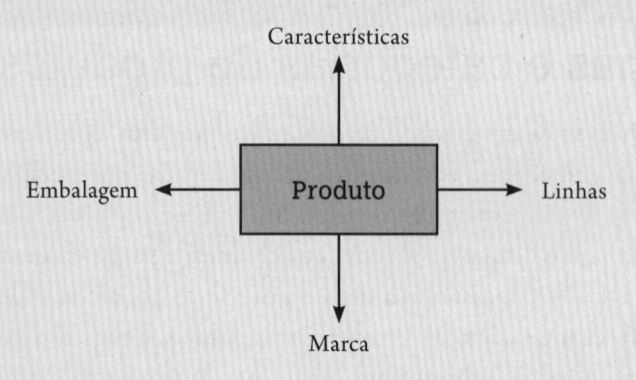

```
                  Características
                        ▲
                        │
                  ┌───────────┐
   Embalagem ◄────│  Produto  │────► Linhas
                  └───────────┘
                        │
                        ▼
                      Marca
```

Fonte: Kotler, 2005.

Segundo Dias et al. (2003), sempre que uma empresa decide lançar um novo produto, este deve estar alinhado à estratégia da organização, para que seus atributos e benefícios sejam definidos. **Atributos** são as características do produto, e **benefícios** são os resultados esperados ao se usar esse produto. Assim, os responsáveis pelo marketing devem definir as linhas de produtos, ou seja, quais produtos com determinados atributos e benefícios serão ofertados para os diversos segmentos, dependendo do posicionamento estratégico da empresa para cada um dos produtos que fazem parte de seu portfólio.

2.4 Gestão de linhas e categorias de produtos

Uma linha de produto representa um grupo de produtos intimamente relacionados porque funcionam de maneira similar e são vendidos para determinado grupo de clientes; são comercializados nos mesmos pontos de venda ou se enquadram em determinada faixa de venda (Dias et al., 2003). Analisemos o exemplo da Nestlé, uma empresa que oferta diversas linhas de produtos, como biscoitos, leites, iogurtes, chocolates, achocolatados, águas, cafés e até ração para animais.

Se você imaginar que para cada uma dessas linhas existe uma extensão de produtos, o portfólio aumenta consideravelmente. Observe:
— Linha de produto: biscoito.
— Extensão da linha: salgado, doce, com recheio, sem recheio, com glúten, sem glúten, com lactose, sem lactose.

Agora, imagine que para cada extensão da linha de produto existe uma profundidade:
— Linha de produto: biscoito.
— Extensão da linha: doce recheado.
— Profundidade: sabor chocolate, pacote com 200 gramas.

O gestor tem de administrar uma variedade de produtos que poderão estar em diferentes unidades estratégicas de negócio (UEN), porém todos estão sob o guarda-chuva da marca Nestlé.

Administrar o portfólio de grandes empresas não é tarefa fácil, pois, para isso, é preciso decidir quais produtos receberão maior aporte de investimentos, quais deixarão de ser ofertados e como serão os investimentos nos produtos de maior lucratividade. Para auxiliar nessa árdua tarefa, no ano de 1970, Bruce Henderson desenvolveu a matriz BCG a pedido da empresa de consultoria Boston Consulting Group. Fazendo uso dessa ferramenta, por meio de uma análise gráfica, os gestores conseguem tomar decisões mais assertivas sobre as estratégias de produtos da empresa.

2 Análise de mercado: "P" de *produto*

Figura 2.3 – Matriz BCG

		Participação relativa de mercado	
		Alto	Baixo
Crescimento do mercado	Alto	Estrela	Ponto de interrogação
	Baixo	Vaca leiteira	Abacaxi

Fonte: Kotler; Armstrong, 2015, p. 46.

A matriz BCG de Henderson serve à análise de duas variáveis: taxa de crescimento do mercado e participação relativa do produto no mercado. Vale detalharmos os quadrantes e as estratégias esperadas para cada um deles:

Ponto de interrogação: Todo produto novo (lembre-se do conceito de produto) a ser introduzido no mercado é um questionamento, pois, apesar das pesquisas, não se tem certeza se o produto terá sucesso. Mesmo assim, as empresas, principalmente as que utilizam tecnologia de ponta, estão constantemente lançando novos produtos. A estratégia é desembolsar vultosos recursos financeiros para a promoção do produto, uma vez que as demais empresas querem entrar em um mercado promissor. Nesse ponto, cabe ressaltarmos que estamos analisando duas variáveis e que a variável *crescimento do mercado* é alta, mas a variável *taxa de participação* no mercado é baixa porque a maioria das pessoas ainda não conhece o produto. O investimento da empresa é alto para os produtos que se encontram nesse quadrante.

Estrela: São os produtos que estão no quadrante cuja participação de mercado é alta, assim como a taxa de crescimento do mercado. Quando o produto é considerado estrela, significa que a empresa investiu e ele se tornou líder de mercado. A estratégia da empresa deve ser continuar investindo, pois ser líder de mercado contribui para o fortalecimento da marca, considerando-se que ainda há vários concorrentes disputando essa fatia de mercado. Portanto, o investimento em promoção é alto.

Vaca leiteira: Os produtos que podem ser encaixados nesse quadrante da matriz BCG estão em um mercado de baixo crescimento e com alta taxa de participação. Em outras palavras, o mercado não está repleto de competidores, pois já se estabilizou, e a empresa que conseguiu sobreviver à concorrência acirrada quando o mercado estava em alta está agora em uma situação mais confortável. Não são necessários altos investimentos em promoção e os produtos trazem rentabilidade para a empresa.

Abacaxi: Os produtos que estão nesse quadrante apresentam baixas taxa de crescimento e de participação no mercado. Na maioria das vezes, esses produtos estão obsoletos, portanto a estratégia é retirá-los do mercado. No entanto, alguns gestores ainda os mantêm por afinidade, muitas vezes porque o negócio surgiu com o produto que se encontra nessa posição.

2 Análise de mercado: "P" de *produto*

O gerenciamento de categorias é fundamental para a boa gestão de varejos, por meio da formação de grupos de produtos afins que reflitam um mesmo momento ou forma de uso pelos consumidores (Simonetti, 2009).

Figura 2.4 – Segmentação por categoria

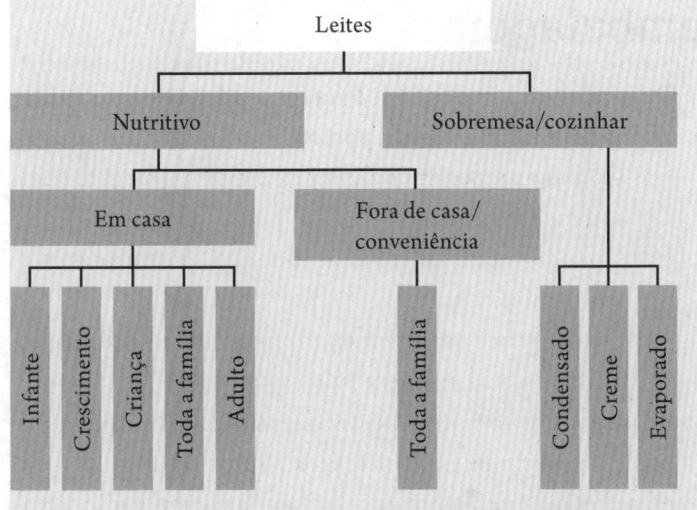

```
                          Leites
                ┌───────────┴───────────┐
            Nutritivo            Sobremesa/cozinhar
         ┌──────┴──────┐           ┌──────┴──────┐
      Em casa    Fora de casa/                   
                 conveniência                    
   ┌──┬──┬──┬──┐       │         ┌───────┬───────┬───────┐
Infante                Toda a    Condensado Creme Evaporado
Crescimento            família
Criança
Toda a família
Adulto
```

Fonte: Simonetti, 2009.

Para Simonetti (2009), o gerenciamento por categorias ocorre em um processo de parceria entre varejista e fornecedor, que consiste em definir categorias de produtos conforme a necessidade a que atendam, por exemplo, categorias de produtos matinais, de beleza ou de limpeza. Com isso, é possível melhorar a comunicação no ponto de venda, adequar as práticas de *merchandising*, além de reduzir custos e obter melhores resultados comerciais com ações de marketing mais eficientes. Por exemplo, quando uma pessoa vai a um supermercado para comprar café, ela deve encontrar na prateleira as opções a vácuo ou em almofada, solúvel, entre outras. É necessário também destacar as marcas nas gôndolas dos supermercados.

2.5
Marcas, rotulagem e embalagem

Qual valor uma marca tem? Para responder a essa pergunta, vamos refletir sobre alguns pontos:
- Quando procura por algum tipo de informação, qual *site* você acessa?
- Quando você quer comprar lã de aço, que nome vem a sua mente?
- Quando você pensa em *smartphone* com tecnologia de ponta, de qual marca se lembra primeiro?

Se as repostas foram, respectivamente, Google, Bombril e Apple, significa que essas marcas estão oferecendo valor para seus clientes. Ser lembrado pela maioria da população significa que os produtos da marca são líderes de mercado, alguns sendo até nome de categoria, como Bombril. Não importa a variedade de produtos que uma empresa oferta no mercado, pois independentemente de ser um ou serem dezenas de produtos, é necessário criar valor para o consumidor final. Caso contrário, o produto estará fadado ao fracasso, segundo Kotler e Armstrong (2014).

Você deve estar se perguntando: "Como se pode criar valor para um produto? Será somente por meio de seus atributos e benefícios?". A resposta é **criar benefício central** para o cliente, o que, segundo Kotler e Armstrong (2015), ocorre quando se decide sobre o produto que a empresa pretende lançar, levando-se em consideração o **composto de produto**, esquematizado na Figura 2.5:

Figura 2.5 – Composto de produto

| Atributos do produto | + | Marca | + | Embalagem | + | Rotulagem | + | Serviços de apoio |

Fonte: Elaborado com base em Kotler; Armstrong, 2015.

Portanto, além dos atributos dos produtos, dos componentes e dos benefícios que ele oferece aos clientes, a **marca** tem papel fundamental. As empresas que lideram o mercado investem muito em pesquisa e desenvolvimento. Exemplo disso é a Procter & Gamble (P&G), que comercializa mais de 300 marcas no mundo todo e, desde que foi criada, em 1837, representa o mais alto padrão de inovação disruptiva e desenvolvimento de novos produtos em seu setor.

Inovação disruptiva é a inovação que interrompe o seguimento normal de um processo, segundo Christensen (1997). Um bom exemplo é a Netflix, que praticamente extinguiu as locadoras de vídeos, pois possibilitou acesso a filmes e seriados a um toque no controle da TV ou no *mouse*, com preço baixo e altamente conveniente.

Para continuar com o alto padrão de inovação, a P&G adotou a estratégia de *crowdsourcing* ou colaboração coletiva. Tal estratégia consiste em convidar grandes comunidades de pessoas – clientes, funcionários, cientistas, pesquisadores independentes e público em geral – para participar do processo de inovação em novos produtos (Kotler; Armstrong, 2015).

O valor de uma marca é o maior ativo de uma empresa, pois "a marca torna-se valiosa em função de seu poder com os clientes, conforme o que eles venham experimentando ao longo do tempo (efeitos cumulativos) e vai sendo gravado nas suas mentes" (Torres; Torres, 2013, p. 151). As pessoas desenvolvem uma forte conexão com as representações visuais das marcas.

As marcas mais valiosas e famosas são construídas por empresas que oferecem produtos e serviços inovadores, com design arrojado ou inovação na forma de comercialização. A Apple, por exemplo, é a primeira empresa privada a alcançar a marca de 1 trilhão de dólares em valor de mercado na Bolsa de Nova York. O *ranking* das três empresas mais valiosas em 2018 é completado pela Amazon, com 877,4 bilhões de dólares, e pela Alphabet (matriz do Google), com 854,7 bilhões de dólares (Apple..., 2018).

Segundo Kotler e Armstrong (2014), as características dos produtos determinam o posicionamento da marca no mercado. Para saber quais características são valorizadas pelos clientes, é necessário realizar pesquisas de mercado que revelem o nível de satisfação dos consumidores. As perguntas devem ser:

— Qual é seu nível de satisfação com o produto?
— De quais características do produto você gosta mais?
— Quais características poderíamos adicionar para melhorar o produto?

2 Análise de mercado: "P" de *produto*

As respostas a essas perguntas geram informações valiosas à empresa, que pode avaliar o valor de cada característica na visão do consumidor e comparar com o custo para a organização para a tomada de decisão (Kotler; Armstrong, 2015).

2.5.1 Brand equity

Brand equity é o valor adicional que o cliente atribui à marca e que influencia sua reação diante dos produtos oferecidos por ela. Portanto, é a aproximação do consumidor com a marca, quando este forma uma imagem favorável dela. As marcas são um elemento-chave no relacionamento da empresa com os compradores, segundo Kotler e Armstrong (2015), pois elas existem na mente dos consumidores.

A força de uma marca pode ser avaliada por meio de quatro dimensões:

1. **Diferenciação:** o que faz a marca se destacar.
2. **Relevância:** o grau em que os consumidores sentem que ela atende a suas necessidades.
3. **Conhecimento:** quanto os consumidores sabem sobre a marca.
4. **Estima:** o nível em que os consumidores admiram e respeitam a marca.

Marcas com forte *brand equity* são as que apresentam altos índices nessas dimensões, segundo o Brand Asset Valuator (BAV), da agência de publicidade Young & Rubicam (Kotler; Armstrong, 2015).

2.5.2
Embalagem e rotulagem

Qual é a função da embalagem? A embalagem para bens de consumo desempenha um papel importante na economia e no comportamento da sociedade, segundo Cavalcanti e Chagas (2006). O **transporte** e **armazenamento** é a principal função de uma embalagem na cadeia logística e um veículo de **comunicação** ao informar os atributos e os benefícios do produto, diferenciando-o dos demais nas prateleiras dos varejistas (Cavalcanti; Chagas, 2006).

Porém, precisamos lembrar que, na atualidade, os consumidores estão mais atentos aos valores de sustentabilidade; por essa razão, as empresas estão buscando agregar esse valor a seus produtos utilizando embalagens reutilizáveis. O supermercado Original Unverpackt, na Alemanha, atento à tendência de preservação do meio ambiente, está reduzindo ao mínimo a quantidade de embalagens e incentivando as pessoas a aderirem ao conceito de lixo zero. O maior diferencial é que seus produtos não são vendidos em caixas ou sacos plásticos, portanto o cliente deve levar um recipiente ou as próprias sacolas para transportar suas compras.

Outra característica que aponta uma mudança de comportamento de consumo é que as pessoas têm se preocupado mais com a saúde e procurado alimentos com menos sódio, açucares e gorduras. Seguindo essa tendência, os rótulos desempenham o papel de comunicar quais são os componentes dos produtos. Por esse motivo, a Coca-Cola FEMSA comprou as empresas de sucos Del Valle e a AdeS, na tentativa de ampliar a presença da marca no segmento de produtos saudáveis (Coca-Cola..., 2016).

Segundo o Comitê de Design da Associação Brasileira de Embalagens (Abre, 2018), marcas de alta visibilidade investem em *design*, o que lhes confere alto grau de competitividade, pois isso agrega valor ao produto, adequando-o com eficiência às necessidades e às expectativas do consumidor. O *design* de um produto pode ser um diferencial competitivo para a empresa, porque tem o potencial de facilitar o manuseio de determinado item, gerando praticidade, e até mesmo permitir que ele seja usado como peça de decoração. Todos esses detalhes acabam fortalecendo a imagem da marca.

Além de as embalagens com *design* inovador serem atrativas e criarem desejo de adquirir o produto, são uma envoltura para protegê-los. No que diz respeito aos rótulos, são importantes para a escolha do consumidor, pois informam características do produto e seus ingredientes; por exemplo, níveis de açúcar, sódio, calorias etc. são dados essenciais para grupos de consumidores que têm intolerância a algum componente ou que desejam seguir uma dieta.

2.6
Ciclos de vida de produtos

De acordo com Kotler e Armstrong (2014, p. 298), "ciclo de vida dos produtos é o ciclo das vendas e dos lucros de um produto ao longo da sua vida". Um aspecto ao qual o gestor de marketing deve ficar atento é o ciclo de vida dos produtos; afinal, assim como as pessoas, os produtos nascem, crescem, amadurecem e morrem. Portanto, conhecer cada uma dessas fases é primordial para que estratégias assertivas sejam implantadas.

Figura 2.6 – Matriz ciclo de vida de produtos (CVP)

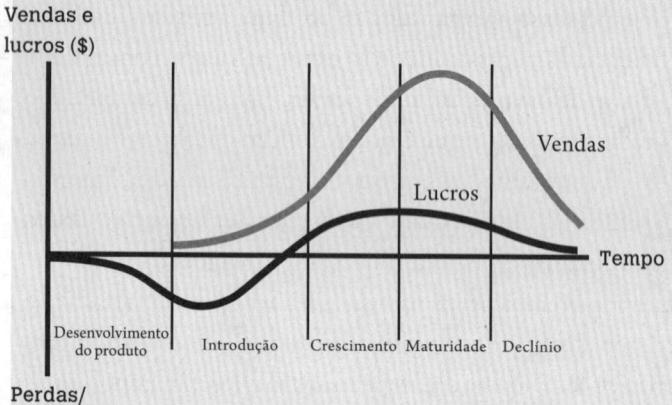

Fonte: Kotler; Armstrong, 2015, p. 298.

Antes de um produto inovador ser lançado no mercado, há um período de pesquisa e desenvolvimento (P&D) e há um aporte financeiro de grande monta antes de sua introdução no mercado. É o caso de produtos com tecnologia de ponta embarcada, como os *smartphones*, que são constantemente lançados em novas versões. Nessa fase, a empresa faz altos investimentos, pois há equipes trabalhando para lançar produtos inovadores.

Após o produto ser introduzido no mercado (fase **introdução**), uma parcela da população, de apenas 2,5%, compra o produto, pois nessa fase a maioria ainda não o conhece e não tem certeza de que ele oferece os benefícios prometidos; assim, as vendas são baixas e os lucros chegam a ser negativos, uma vez que os valores empregados em distribuição e promoção são altos (Dias et al., 2003). Analisando a matriz BCG, o produto que se encontra nessa fase está no quadrante questionamento. Com base em estudos sobre o comportamento do consumidor, essa população é composta de pessoas arrojadas, com poder aquisitivo alto e que privilegiam exclusividade. A estratégia da organização nessa fase é ouvir os consumidores para fazer os ajustes necessários, pois o público ainda é pequeno.

Se o produto satisfizer o mercado, entrará na fase de **crescimento**, quando as pessoas já ouviram falar dele, principalmente em propaganda boca a boca. Como consequência, apesar de os preços serem altos, há maior consumo (13,5%), segundo Kotler e Armstrong (2015). Os investimentos que a empresa precisa realizar ainda são considerados altos porque os concorrentes desejam entrar nesse nicho de mercado; portanto, para fazer frente à concorrência, é fundamental que o produto se torne estrela, conforme a Matriz BCG, isto é, seja líder de mercado. Para aproveitar o máximo dessa fase, os gestores desenvolvem estratégias para manter o produto em evidência por mais tempo, aproveitando todos os nichos possíveis. A ferramenta mais utilizada para isso é a Matriz de Ansoff.

Figura 2.7 – Matriz de Ansoff

	Mercados existentes	Novos mercados
Produtos existentes	Penetração de mercado	Desenvolvimento de produto
Novos produtos	Desenvolvimento de mercado	Diversificação

Fonte: Kotler; Armstrong, 2015, p. 50.

A Matriz de Ansoff foi criada por Igor Ansoff (1918-2002) para analisar duas variáveis – produtos e mercados –, possibilitando ao estrategista tomar decisões assertivas com base nas oportunidades que se apresentam no mercado e nos elementos internos da organização. Assim, essa matriz cruza produtos (novos e existentes) com mercados (novos e existentes), criando quatro quadrantes:

1. **Penetração de mercado:** A empresa já oferta um produto para determinado fim e procura novas maneiras de utilização para ele. Um exemplo é o da empresa Glad, que fabrica sacos plásticos que selam os produtos armazenados. A marca divulga que há cem maneiras de usar o produto e, na comunicação com seu público-alvo, disponibiliza, na internet, um *site* no qual os clientes podem relatar como usam o artigo. Como consequência, esssa estratégia também gera um banco de novas ideias para a empresa.

2. **Desenvolvimento de mercado:** A empresa já oferta um produto para determinado mercado e procura outros mercados para introduzir seus produtos. Um exemplo é O Boticário, que iniciou suas atividades na cidade de

Curitiba (PR) e foi expandindo o mercado, chegando atualmente a exportar para diversos países.

3   **Desenvolvimento de produto:** A empresa atende a determinado público e aproveita para ampliar o portfólio de produtos. Um exemplo é a Gillette, que por tradição comercializa lâminas de barbear para homens, mas passou a ofertar itens para depilação voltados ao público feminino.

4   **Diversificação:** A empresa desenvolve um novo produto para atender a um novo mercado. Um exemplo é a Nestlé, que oferece uma gama de produtos alimentícios e entrou em um novo mercado com ração para cães, gatos e peixes.

Essas são as quatro estratégias segundo a Matriz de Ansoff utilizadas, normalmente, na fase de crescimento no ciclo de vida dos produtos.

Na análise da Matriz CVP, a fase da **maturidade** é a que tem a maior duração e é aquela na qual se concentra a maioria dos produtos. Essa etapa representa um grande desafio para os gerentes de marketing, que precisam desenvolver estratégias para os produtos no momento em que as vendas entram em declínio, estagnam ou enfrentam concorrência acirrada no mercado.

Nessa fase, a população que compra o produto é de 68%. Por esse motivo e para fins de análise e desenvolvimento de estratégias, Kotler e Armstrong (2015) dividem essa fase em duas etapas:

1   **Maioria inicial:** Trinta e quatro por cento do público-alvo consumirá o produto nessa fase, quando o mercado está ficando saturado, pois há vários concorrentes brigando pela mesma fatia do mercado. Os gerentes de marketing devem fazer mais do que acompanhar ou defender

seus produtos maduros; devem desenvolver estratégias de ataque à concorrência e assim aprimorar seus produtos, seja por uma oferta maior de serviços agregados, seja por melhorias nos atributos do produto, na embalagem, no estilo ou até mesmo na qualidade percebida pelos consumidores.

2 **Maioria tardia:** Trinta e quatro por cento do público-alvo consome o produto nessa fase. Trata-se de consumidores com baixa renda, que residem, na maioria, em localidades afastadas dos grandes centros e que não se importam com tecnologia de ponta, mas sim com o fato de que esses produtos já têm preços mais acessíveis. Os profissionais de marketing geralmente desenvolvem estratégias de redução de preços e distribuição por meio de diversos canais de vendas para que os produtos cheguem até esses consumidores.

Na fase de declínio, há os retardatários, que representam 16% dos consumidores que adquirem o produto na fase em que este está praticamente sendo retirado do mercado. Dependendo da estratégia dos gestores, o produto pode ser mantido no mercado por questões de ordem emocional ou para atender aos consumidores saudosistas.

É interessante fazer a relação entre a Matriz BCG e a Matriz CVP para que o gestor desenvolva estratégias assertivas para a organização.

Figura 2.8 – Relação entre a Matriz BCG e a Matriz CVP

	Introdução	Crescimento	Maturidade	Declínio
Inovadores 2,5%	Adotantes imediatos 13,5%	Maioria inicial 34%	Maioria posterior 34%	Retardatários 16%

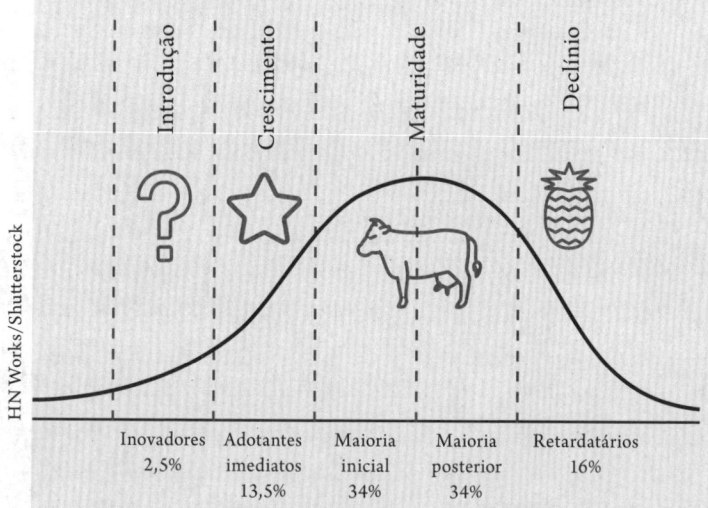

Fonte: Elaborado com base em Ambrósio; Ambrosio, 2005.

É fundamental que o gestor acompanhe o ciclo de vida dos produtos para desenvolver estratégias que assegurem a permanência da organização no mercado. A **inovação** se faz necessária, seja por meio de **novos produtos**, seja por meio do **reposicionamento** deles no mercado, como o fez a Havaianas, que teve de se reinventar ao entrar em uma fase de declínio. A empresa precisa desenvolver um fluxo regular de novos produtos que gerem novos valores para os clientes (Kotler; Armstrong, 2015).

Síntese

Neste capítulo, estudamos um dos componentes do *mix* de marketing, composto de marketing ou 4 Ps: o "P" referente a *produto*. Esse componente é formado pelas linhas de produtos que uma empresa oferece ao mercado, e a extensão e a profundidade de cada uma dessas linhas desenvolvem o portfólio de produtos. Para gerir esse portfólio, os gestores definem o posicionamento no mercado e devem utilizar algumas ferramentas para definir quais produtos receberão maior aporte financeiro e quais deverão ser retirados do mercado, além de decidir se investirão em pesquisa e desenvolvimento (P&D). Uma dessas ferramentas é a Matriz BCG, que analisa duas variáveis importantes: o crescimento do mercado.

Quando os gestores visualizam os produtos dentro da Matriz BCG, fica mais fácil desenvolver estratégias para cada produto ou unidade de negócio. Se o produto for inovador, estará no quadrante **questionamento**, pois a empresa não tem certeza se ele será bem aceito pelos clientes e deve decidir investir para deslanchar ou não, dependendo da análise do mercado em relação ao comportamento do consumidor e as tendências do setor. Caso o produto tenha obtido sucesso, entrará no quadrante **estrela**, pois as vendas crescerão e a empresa começará a ter retorno de seus investimentos, mas os concorrentes também começarão a entrar no mercado querendo uma fatia. A estratégia continuará sendo de altos investimentos para modificar o produto, ampliar o mercado, diversificar ou penetrar por meio de novos usos, e a Matriz de Ansoff poderá mostrar possíveis estratégias. Quando o produto alcançar sua maturidade, a estratégia da empresa deverá ser colher o máximo de lucros com menos investimento, pois, como o mercado amadurecerá, o nível da concorrência diminuirá. Por fim, o produto pode chegar na fase de declínio, caso não haja reposicionamento no mercado, e a empresa poderá optar por não investir mais nesse produto.

A Matriz BCG deve ser analisada em comparação com o ciclo de vida do produto, no qual há a concepção, a fase de pesquisa e desenvolvimento (P&D) e a introdução no mercado, ainda com pequenas vendas e baixa lucratividade; quando o produto cresce, as vendas aumentam, assim como os lucros. Para cada quadrante da matriz, há um ciclo de vida específico no qual o produto se encontra e as estratégias adotadas devem estar em consonância com o posicionamento pretendido pela empresa; assim, o administrador deve ter a visão sistêmica do negócio para a tomada de decisão.

Ao longo do capítulo também tratamos da importância das embalagens, do *design* e da rotulagem, pois cada vez mais os valores da empresa devem ser os mesmos valores dos consumidores, o que pode aumentar o *brand equity* da empresa.

Questões para revisão

1. (Enade – 2015 – Tecnologia em Marketing) Um empreendedor deseja montar um *food truck*, automóvel que comercializa comida, ou seja, restaurante sobre rodas que leva a consumidores cozinhas itinerantes, oferecendo pratos elaborados a preços acessíveis. Para tanto, buscou na Matriz BCG (Boston Consulting Group) – representada na figura a seguir – uma ferramenta de tomada de decisão e estratégia de vendas, para, a partir de análises e informações, escolher o produto em que irá investir.

	Participação relativa de mercado	
	Alto	Baixo
Crescimento do mercado — Alto	Comidas asiáticas ★	Pizzas e massas artesanais ?
Crescimento do mercado — Baixo	Sanduíches 🐄	Doceria 🍍

   Considerando a relação entre produto escolhido e a respectiva estratégia de venda, o empreendedor deve ponderar que:

a a produção e a comercialização de sanduíches requerem alto investimento e apresentam baixa perspectiva de retorno, pois trata-se de produto que se classifica como do tipo vaca leiteira.

b os produtos do tipo abacaxi, como os comercializados em docerias, tem reduzido potencial de crescimento, apesar de apresentarem grande participação no mercado e serem bem conhecidos por clientes.

c os investimentos em pizzas e massas artesanais – produtos do tipo ponto de interrogação – têm grande potencial de crescimento, ainda que apresentem pequena participação no mercado no início do negócio.

d o investimento na comercialização de comidas asiáticas é uma boa opção, pois, em mercados inovadores, como é o caso do *food truck*, esse tipo de produto – estrela – tem grande participação, mesmo que as taxas de crescimento sejam baixas.

e os produtos do tipo vaca leiteira e estrela têm pequena participação no mercado, embora apresentem grande potencial de crescimento e atinjam público diversificado, sendo, portanto, aconselhável o investimento em sanduíches e comida asiática.

2 Segundo Kotler e Armstrong (2014), as marcas são mais do que meros nomes e símbolos, são o elemento-chave no relacionamento da empresa com os consumidores. Com base nessa ideia, assinale a afirmativa correta:

a As marcas são vistas como uma chave no relacionamento com os consumidores e existem somente fora de suas mentes.
b As marcas, como ícones incrivelmente atrativos, não variam no nível de poder e de valor que têm no mercado.
c Antes de responderem à marca, os consumidores precisam comprar outras marcas para terem certeza de que farão a escolha certa.
d As marcas representam as percepções e os sentimentos dos consumidores em relação a um produto e seu desempenho.
e O fato de uma marca ser bastante diferenciada significa que os consumidores irão comprá-la.

3 Uma empresa de cosméticos que iniciou suas atividades na cidade de Campinas (SP) decidiu abrir franquias para ampliar sua área de atuação e fortalecer o poder da marca no mercado. De acordo com a Matriz de Ansoff (produto/mercado), a empresa, ao tomar essa decisão, deverá definir como estratégia:
a desenvolvimento de produto.
b desenvolvimento de mercado.
c penetração de mercado.
d *skimming*.
e diversificação.

4. De acordo com a Matriz BCG, os produtos que se enquadram em um contexto de alta taxa de crescimento de mercado, mas ainda têm baixa participação no mercado, são considerados ponto de interrogação. Analisando sob o ponto de vista do ciclo de vida dos produtos, em qual das fases os produtos considerados ponto de interrogação se encontram? Explique.

5. Analisando o ciclo de vida dos produtos, constatou-se que a maioria tardia é composta por 34% do público-alvo, com o perfil de baixa renda e que não se importa com tecnologia de ponta. Cite duas estratégias que os profissionais de marketing podem implantar nessa fase no que diz respeito à precificação dos produtos e ao canal de distribuição.

Questão para reflexão

1. Considere o setor de moda no Brasil e a modificação que ocorreu nas últimas décadas nesse setor com a entrada dos produtos chineses e com a forte influência de blogueiras. Faça uma análise de como as empresas do setor podem implementar os 4 Ps no lançamento de um produto. Quais estratégias relacionadas ao composto de marketing (*mix* de produtos, preço, praça e promoção) você implantaria caso fosse convidado para ser o gestor de marketing de uma empresa ligada à moda?

Para saber mais

A Procter & Gamble é uma das empresas que investem em *crowdsourcing* como estratégia para inovar constantemente. Além de ter mais de 6 mil pesquisadores internos, a companhia percebeu a importância de ouvir os consumidores e criou um *site* no qual qualquer pessoa pode dar sugestões de produto ou de melhoria em produtos já existentes. Com isso, a empresa se aproxima de seus consumidores e consegue inovar na velocidade exigida pelo mercado.

Acesse a página *Connect + Develop* e participe do *crowdsourcing* da multinacional P&G.

P&G CONECT + DEVELOP. Disponível em: <http://www.pgconnectdevelop.com>. Acesso em: 1º ago. 2018.

Conteúdos do capítulo:
— Composto de preço.
— Estabelecimento de preço.
— Tipos de precificação.

Após o estudo deste capítulo, você será capaz de:
1. definir preço;
2. utilizar ferramentas para definir o preço dos produtos;
3. diferenciar os tipos de precificação e as respostas às mudanças de preços.

3
Precificação de produtos: "P" de *preço*

3.1
Definição de preço

Qual é a definição da expressão *preço*? É possível que você tenha respondido que é a quantia em dinheiro paga para se adquirir determinado bem ou serviço e/ou para se usufruir dele. Muito bem, é isso mesmo. Mas como precificar corretamente os produtos? Devemos nos lembrar de que, quando o tema é produto, estamos nos referindo aos tangíveis ou intangíveis. Então essa resposta é mais complexa e exige análise detalhada da empresa, a começar por seu posicionamento no mercado, definido pela estratégia organizacional, pelos custos envolvidos na fabricação dos produtos, pelo perfil do público-alvo. Somente depois disso é que se pode conhecer o que é considerado **valor** para os clientes, pois, segundo Kotler e Armstrong (2014, p. 487), as empresas devem vender valor, e não preço:

> *Um crescente número de empresas baseia seus preços no valor percebido pelo cliente. Vê as percepções de valor dos clientes, e não o custo do vendedor, como a chave para a determinação de preço. Utiliza os outros elementos do mix de marketing, como propaganda e força de vendas, para aumentar o valor percebido pelo cliente.*

Segundo Porter (1999), as estratégias genéricas são diferenciação, liderança em custo e foco.

Quadro 3.1 – Estratégias genéricas

		Vantagem estratégica	
		Unicidade observada pelo cliente	Posição de baixo custo
Alvo estratégico	No âmbito de toda indústria	Diferenciação	Liderança em custo
	Apenas um segundo	Foco	

Fonte: Porter, 1999.

Para precificar um produto, o gestor deve saber claramente quem é o público-alvo e qual é o posicionamento pretendido pela empresa, pois, como explicamos no Capítulo 2, o produto será desenvolvido com base nas necessidades e nos desejos dos clientes e consumidores. Para conhecer o público-alvo, é necessário determinar uma estratégia. As estratégias genéricas de Porter (1999) indicam que uma empresa pode se posicionar no mercado por meio de diferenciação, foco e liderança em custos.

— **Diferenciação:** Empresas que estão inovando constantemente, em processos, em serviços agregados ou em novas tecnologias; investem em pesquisa e desenvolvimento (P&D).

— **Foco:** Empresas que se especializam em determinado nicho de mercado e por isso conhecem em profundidade as necessidades, os desejos e o que é valor para seu público não podem esquecer que as tendências de mercado e de comportamento dos consumidores mudam ao longo do tempo. Portanto, precisam estar atentas e realizar pesquisas constantemente.

— **Liderança em custos:** Empresas que se posicionam no mercado com o menor preço precisam controlar os custos totais: fixos mais variáveis. Com esse posicionamento, trabalham fortemente o conceito de *self-service*, enxugando os custos com mão de obra e eliminando também as entregas em domicílio.

Com base nesse posicionamento é que as estratégias de precificação são adotadas por uma empresa, sem esquecer da **equação de valor do consumidor** (Coughlan et al., 2011).

$$\text{Valor} = \text{Benefícios} - \text{Custos}$$

Nessa equação, **benefícios** são conveniência, serviços, imagem, qualidade, garantia e informação; **custos** são dinheiro, esforço, tempo e risco. **Precificação baseada em valor** significa estabelecer o preço em função do valor percebido pelo cliente. Para Torres e Torres (2013, p. 341), "O apreçamento baseado no valor percebido, corretamente aplicado, tem a vantagem de levar em conta a ótica de quem paga pelos produtos, que são os clientes. A participação de mercado é, em geral, função do valor percebido pelos consumidores sobre o preço". Assim, quanto maior for o valor percebido, maior será a participação de mercado.

3.2 Passo a passo para precificação de produtos e de serviços

A precificação de um produto ou serviço é crucial para um gestor de marketing, pois este é o "P" do composto de marketing que tem potencial de gerar retorno financeiro para a empresa, para os acionistas e para os parceiros do canal de distribuição (Kotler; Keller, 2012). Para uma precificação adequada, é recomendável que sejam seguidos alguns passos, descritos a seguir.

Primeiro passo

Para precificar um produto, é preciso relacionar todas as suas características, realizar a segmentação do mercado, definir quem é o público-alvo e o que é considerado valor para esse público, qual é a estratégia da organização ao desenvolver e comercializar o artigo, e identificar especificidades técnicas, como atributos, funcionalidade, durabilidade, tempo de garantia, entre outras (Cruz, 2011).

Segundo passo

É importante conhecer as variáveis que impactam na formação do preço, com uma visão holística do negócio. É preciso abranger tanto as variáveis internas, que poderão ser manipuladas pela empresa, tais como custo e mercado, quanto as externas, de ordem econômica, tributária, legal, tecnológica, por exemplo.

Terceiro passo

É essencial analisar as variáveis que impactam, direta ou indiretamente, na definição dos preços, até mesmo diferenciando as internas das externas:
- **Variáveis econômicas**: relacionadas ao nível de emprego e de renda, à taxa cambial, às taxas de juros, às políticas de crédito, entre outros.
- **Variáveis de análise de custos**: referentes ao levantamento dos custos fixos e dos variáveis, bem como à definição de custo marginal de produção, para que se compreenda a relação entre a quantidade ofertada e a capacidade de entrega com o impacto que esses custos poderão ter no preço final.
- **Variáveis tributárias e legais**: concernentes às políticas de tributação de produtos de importação e de exportação, bem como de toda tributação interna.

Dessas variáveis, apenas as variáveis de análise de custos são internas; as demais são externas.

Quarto passo

O gestor de marketing tem de definir o preço com base na estratégia da organização, que, após ter um panorama das etapas anteriores, deve se posicionar estrategicamente. A estratégia pode ser por menor preço ou por preço *premium*, dependendo da análise esquematizada na Figura 3.1:

Figura 3.1 – Etapas do processo de precificação de produtos

> Se os clientes tiverem a percepção de que o preço do produto é maior do que o seu valor, eles não o comprarão. Se a empresa precificar o produto abaixo de seus custos, seus lucros serão prejudicados. Entre esses dois extremos, a estratégia de determinação de preços "correta" é aquela que entrega tanto valor para o cliente como lucros para a empresa.

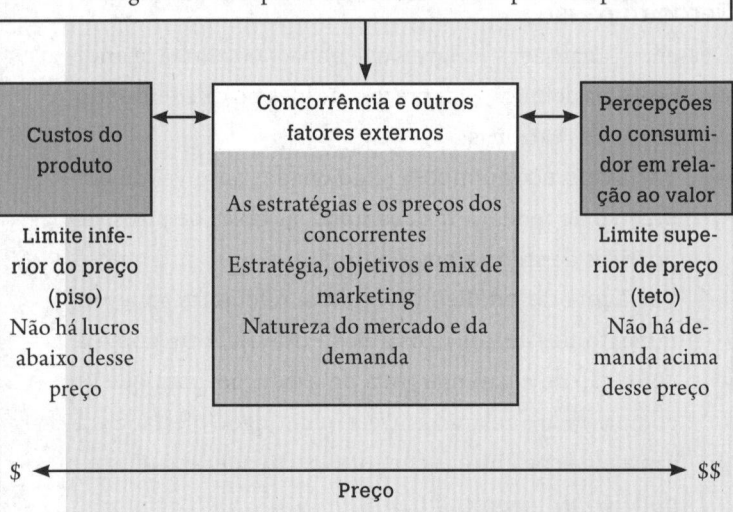

Custos do produto	Concorrência e outros fatores externos	Percepções do consumidor em relação ao valor
Limite inferior do preço (piso) Não há lucros abaixo desse preço	As estratégias e os preços dos concorrentes / Estratégia, objetivos e mix de marketing / Natureza do mercado e da demanda	Limite superior de preço (teto) Não há demanda acima desse preço

$ ←——————— Preço ———————→ $$

Fonte: Kotler; Armstrong, 2014, p. 319.

Independentemente da situação da economia, as empresas devem vender valor, e não preços. É necessário identificar as três principais estratégias de determinação de preços e

3 Precificação de produtos: "P" de preço

discutir a importância das percepções de valor do cliente, os custos da empresa e as estratégias da concorrência na hora de estabelecer preços. Isso porque, como tudo no marketing, a boa precificação começa com o cliente (Kotler; Armstrong, 2015).

Para se chegar a um valor monetário ou ao preço que se deve cobrar por determinado produto, é necessário ter a visão holística do negócio: a estratégia de posicionamento, o que é considerado valor para o segmento de mercado ao qual o produto pretende atender, as variáveis econômicas, sociais, culturais, entre outros fatores.

Imagine que você é um empreendedor e está decidindo a estratégia de preço de lançamento de um produto de alta tecnologia e sua empresa é líder em um mercado em que há uma demanda reprimida. Qual estratégia você adotaria? Seguiria o preço estabelecido pela concorrência para ganhar maior volume de vendas? Adotaria um preço de penetração para abranger uma maior parcela de mercado? Optaria por uma política de preço alto, *skimming*, para selecionar a demanda a ser atendida? Um gestor deve estar preparado para tomar decisões e não é necessário ter uma bola de cristal, mas sim dados e conhecimentos aliados a ferramentas que possibilitam ser o mais assertivo possível.

Segundo Yanaze (2007), os componentes tangíveis do preço de venda são os valores necessários para:

— pagar as despesas proporcionais de vendas;
— pagar os custos proporcionais de fabricação ou de prestação de serviço;
— pagar os custos indiretos da empresa;

- pagar os juros devidos a terceiros e os impostos incidentes sobre o lucro;
- compor as reservas para reinvestimento e remunerar o capital investido.

3.3 Estratégias de determinação de preços conforme o posicionamento da empresa

O principal desafio para o gestor é determinar o preço correto para produtos ou serviços, pois, se for muito baixo, não trará os lucros esperados pela empresa; se for muito alto em relação ao valor percebido, poderá não gerar demanda. Ou seja, se a empresa cobrar um preço abaixo dos custos, terá prejuízo; se cobrar acima da percepção de valor que os clientes têm em relação ao produto, não terá demanda.

3.3.1 Precificação baseada em custos

Analisaremos a precificação baseada em custos, uma vez que o preço de venda de um produto ou serviço resulta diretamente de seus custos, da expectativa de lucro, como remuneração do capital aplicado, e das necessidades de reinvestimento a fim de permanecer no mercado. Porém, é importante conhecermos o posicionamento das organizações em seus respectivos setores, pois empresas com custos baixos podem estabelecer preços baixos para seus produtos, obtendo margens menores, com vendas e lucros maiores, como o Walmart, que se posiciona com baixo custo em seu setor e com os menores preços do mercado (Kotler; Armstrong, 2014).

Assim, a precificação baseada em custos consiste em determinar os custos totais de disponibilização de um produto ou serviço e adicionar um percentual (Kotler, 2000). O objetivo é trazer as previsões de custo final para a faixa do custo-alvo; caso contrário, as empresas podem decidir não desenvolver o produto porque não será vendido pelo preço estipulado para atender ao público-alvo. Então, se o posicionamento da empresa for o de privilegiar preços baixos, poderá utilizar essa estratégia de precificação, desde que os custos não ultrapassem o valor que o público-alvo pode pagar.

Para não correr o risco de se posicionar com o foco em custos e menor preço e não conseguir entregar esse valor para o público-alvo, empresas fazem pesquisas para saber qual é o preço-limite que o público está disposto a pagar. E só então desenvolvem o produto controlando os custos para que chegue ao consumidor no preço previamente determinado. Vamos exercitar esse raciocínio.

Suponhamos que uma empresa fabricante de temperos prontos tenha nos custos variáveis unitários o valor de R$ 6,00 e custo fixo de R$ 4.000,00. A previsão de vendas é de 400 unidades mês. Qual seria o preço de venda?

Primeiro calcularemos o custo unitário:

> **Custo unitário = custo varável + custos fixos/ unidades vendidas**
>
> Custo unitário = 6,00 + 4.000,00/400
> Custo unitário = 6,00 + 10,00
>
> **Custo unitário = R$ 16,00**

A precificação baseada em custos, segundo Churchill Junior e Peter (2005) pode ser:

a **Precificação pela taxa de retorno:** Estipula-se um valor de lucratividade e acrescenta-se ao custo total. Portanto, calculam-se os custos e acrescenta-se a margem pretendida. No exemplo, o empreendedor estabeleceu uma margem de 40% de *markup*, assim, o preço é calculado usando-se a seguinte fórmula:

> **Preço de *markup* = custo unitário/1 − retorno sobre as vendas**
>
> Preço de *markup* = 16,00/(1 − 0,40)
> Preço de *markup* = 16,00/0,60
>
> **Preço de *markup* = R$ 26,70**

Essa precificação é considerada a mais fácil, mas não atende a todos os casos porque alguns custos são difíceis de serem rastreados, como a precificação de mão de obra na área de serviços.

b **Determinação de preços com base no ponto de equilíbrio:** Técnica para estipular preços de modo que a empresa passe a ter lucros a partir de certa quantidade de produtos vendidos.

Figura 3.2 – Ponto de equilíbrio

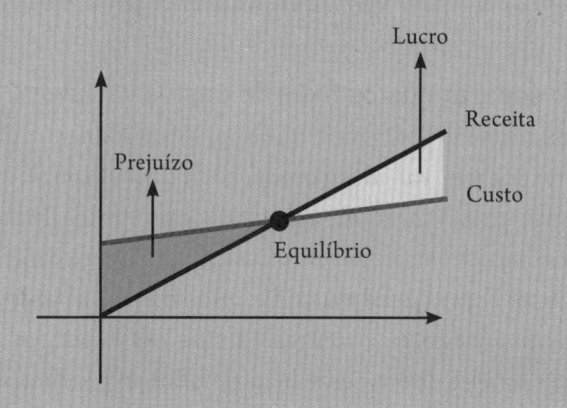

O **ponto de equilíbrio** é o ponto em que a receita e os custos se encontram e a partir do qual a empresa começa a ter lucro. As duas variáveis analisadas são quantidade produzida/vendida e valor monetário por quantidade vendida.

> Volume do ponto de equilíbrio = custos fixos/ preço – custo variável unitário
>
> PE = 4.000,00/(26,70 – 6,00)
> PE = 4.000,00/20,70
>
> **PE = R$ 193,23**
>
> Portanto, a empresa começará a ter lucro a partir de 193 unidades vendidas.

Como separar custos fixos de custos variáveis?

Custos fixos são aqueles em que a organização incorre para estar no negócio, voltados à produção de um bem ou serviço e que não variam conforme a quantidade produzida. Mesmo que não haja produção, haverá o custo fixo: aluguel, depreciação, gastos com salários fixos de administração da produção, vendas, financeiro, entre outros. **Custos variáveis**, por sua vez, são aqueles diretamente incorporados ao produto, que sofrem variabilidade de acordo com a quantidade produzida: matéria-prima, insumos, mão de obra etc.

Ainda com relação à resposta dos consumidores ao preço, é importante destacarmos a análise da **demanda**, que poderá ser **elástica, inelástica** ou **anelástica**, pois a precificação por meio de *markup* ignora a sensibilidade ao preço (demanda) e falha em reagir à competição. Vale detalharmos como a demanda pode se comportar em relação ao preço para que o gestor possa precificar corretamente: se baixar o preço de determinado produto e verificar que a demanda aumentou mais do que a proporção da redução do preço, a demanda é elástica, então se baixar o preço ganhará em escala, com maior quantidade de produtos vendidos. Porém, se baixar os preços e a demanda não aumentar, a demanda é inelástica, não é sensível a preço baixo; então, para maximizar a lucratividade, o ideal seria manter um preço em que haja demanda e na curva da demanda encontrar o ponto de maximização da lucratividade.

Figura 3.3 – Precificação por demanda

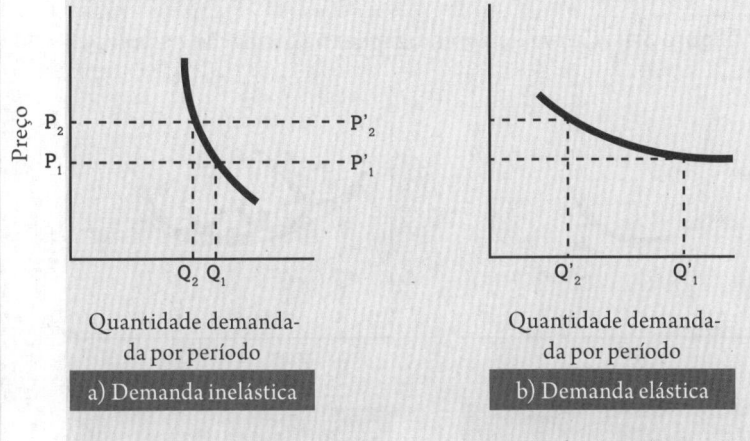

a) Demanda inelástica

b) Demanda elástica

Fonte: Kotler; Armstrong, p. 333.

Chegar a um preço que gera maior rentabilidade para as empresas e uma melhor relação custo-benefício para os consumidores não é tarefa fácil para os gestores, pois essa equação tem relação com a medida da sensibilidade da demanda a mudanças no preço.

Elasticidade de preço da demanda = variação percentual na quantidade demandada/variação percentual no preço

Custos como função da curva de aprendizagem

Ao longo do período em que o produto está no mercado, os processos de fabricação vão sendo aprimorados e apreendidos por meio da prática, tornando-se mais eficientes e ganhando em economia de escala. Isso acontece porque quanto maior for a quantidade de unidades produzidas, menor será o custo unitário, desde que a quantidade produzida possa ser atendida por uma planta fabril. Na Figura 3.4 podemos analisar a queda no custo médio de produção por unidade, proveniente da experiência acumulada em produção.

Figura 3.4 – Curva de aprendizagem na formação de preços

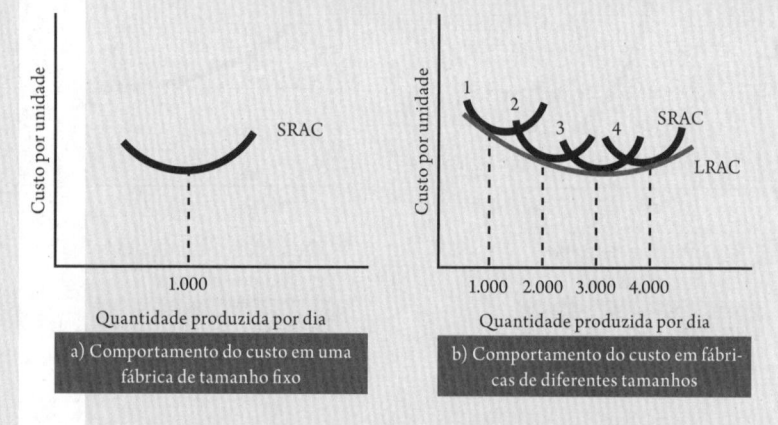

a) Comportamento do custo em uma fábrica de tamanho fixo

b) Comportamento do custo em fábricas de diferentes tamanhos

Fonte: Kotler; Armstrong, 2015, p. 325.
Nota: SRAC = Short run average cost (custo médio de longo prazo);
LRAC = Long run average cost (custo médio de curto prazo).

Para Kotler e Armstrong (2015, p. 325), a curva de aprendizagem, ou curva de experiência, "está relacionada à queda no custo médio de produção por unidade proveniente da experiência acumulada em produção. A existência de uma curva declinante de experiência é algo extremamente significativo para a empresa". Porém, o gestor deve ficar atento à percepção dos clientes, pois a precificação por meio da curva de aprendizagem pode induzir a uma determinação agressiva de preços e passar a imagem de "coisa barata".

3.3.2 Precificação baseada em valor

Para Dias et al. (2003), o valor que uma empresa consegue criar e que seja reconhecido pelo mercado-alvo como melhor se comparado com a concorrência se traduz em uma vantagem competitiva. Não são os custos que determinam o preço, mas sim o valor percebido pelo cliente, considerando-se o que o mercado está disposto a pagar, é que precifica e administra os custos de produção, comercialização e distribuição.

Figura 3.5 – Valor agregado entregue ao consumidor

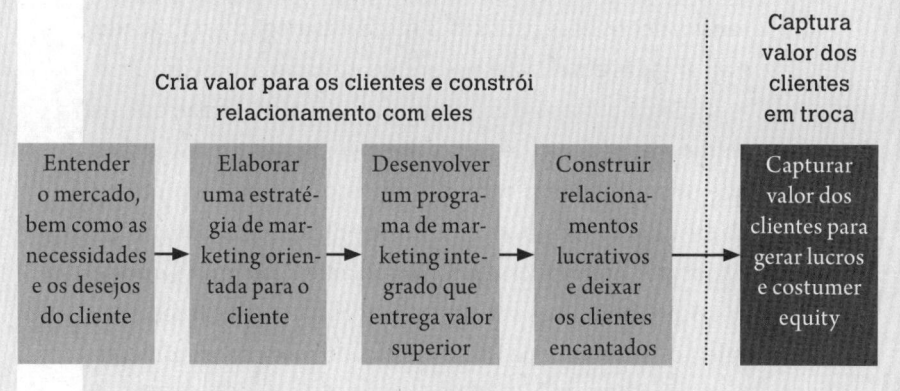

Cria valor para os clientes e constrói relacionamento com eles				Captura valor dos clientes em troca
Entender o mercado, bem como as necessidades e os desejos do cliente	Elaborar uma estratégia de marketing orientada para o cliente	Desenvolver um programa de marketing integrado que entrega valor superior	Construir relacionamentos lucrativos e deixar os clientes encantados	Capturar valor dos clientes para gerar lucros e costumer equity

Fonte: Kotler; Armstrong, 2015, p. 5.

Empresas como a Apple incorrem em custos altos para agregar valor e obter preços e margens maiores. Para decidir por essa estratégia, o gestor tem de realizar pesquisas de mercado, pois, se estipular um preço menor do que o mercado está disposto a pagar, perderá a oportunidade de aumentar a lucratividade; se cobrar mais do que o mercado está disposto a pagar, perderá vendas. Logo, não se deve nem subestimar nem superestimar, é necessário precificar corretamente: "A determinação de preço de valor postula que o preço deve representar uma oferta de alto valor para os consumidores" (Kotler, 2000, p. 488).

3.3.3 Precificação baseada em concorrência

Para ter competitividade no mercado, a empresa deve analisar seus concorrentes para saber quais estratégias estão sendo implantadas em relação aos preços, se estão se baseando em redução de custos ou em agregação de valor. Afinal, os consumidores poderão julgar o valor de um produto nos preços que os concorrentes cobram, segundo Kotler e Armstrong (2014). Por exemplo, se os concorrentes cobram um preço maior por ofertar serviços diferenciados, a empresa pode optar por ofertar os mesmos serviços e cobrar preços equivalentes, uma vez que isso é valorizado pelos consumidores. Segundo Dias et al. (2003), existem dois métodos de precificação baseados na concorrência:

1 **Equivalência de mercado**: Consiste em estabelecer o preço do produto alinhado ao preço da concorrência; exemplo: preço da gasolina.

2. **Método da proposta selada:** E utilizado em concorrências públicas, em que o preço da oferta deve considerar a estrutura de custos da empresa, mas não deve ser superior ao do concorrente.

Nesse método, as decisões de preço da empresa se orientam, sobretudo, pelos preços dos concorrentes. Isso não significa que a empresa precificará seus produtos sempre como os concorrentes, mas que poderá criar uma relação mais ou menos fixa de preços baixos, se comparados aos dos concorrentes. O processo é guiado por objetivos de vendas e de participação de mercado, segundo Torres e Torres (2013); ao tomar um preço de mercado, a empresa decompõe o preço "para trás", examinando se ele é suficiente para cobrir e gerar os lucros pretendidos.

3.3.4 Precificação por penetração ou *skimming*?

A precificação também pode ser definida por meio de estratégia de penetração ou de *skimming*, segundo Dias et al. (2003). O **preço de penetração** é utilizado para acelerar as vendas, como um preço promocional, para que haja experimentação e, depois de conhecido o produto pelo segmento que pretende atingir, a empresa o altere de forma a aumentar a lucratividade.

Já o **preço de** *skimming* ou **desnatamento** é o mais alto que se pode aplicar na comercialização de um produto para que haja demanda. Essa estratégia é utilizada para precificar um novo produto com alta tecnologia embarcada ou de moda, um novo estilo pelo qual os consumidores estão dispostos a pagar mais para serem os primeiros a utilizar.

3.3.5
Preço "boi de piranha"

Você já foi a um estabelecimento para realizar uma compra por causa do preço baixo anunciado? Caso sua resposta tenha sido afirmativa, saiba que essa estratégia é utilizada para estimular a circulação de pessoas em determinado varejo e, assim, ganhar com a venda de outros produtos (Churchill Junior; Peter, 2005).

Muitas vezes os produtos são de categorias subjacentes; por exemplo, você é atraído a um supermercado pelos preços baixos anunciados no açougue, então muito próximo ao açougue estão expostos produtos para churrasco, aumentando o valor final pago por sua compra.

3.3.6
Preço psicológico

Quando você pretende comprar um produto que custa R$ 100,00, pode achar o valor de três dígitos muito alto, mas se o preço for R$ 99,99, a percepção de dois dígitos causa um impacto psicológico positivo, segundo Dias et al. (2003). Essa precificação é utilizada para produtos de conveniência e de compra comparada. Tal estratégia é mais uma entre as diversas maneiras de estabelecer preços, a qual deve estar associada a uma análise de posicionamento da empresa.

3 Precificação de produtos: "P" de *preço*

Para desenvolver uma estratégia de precificação, é necessário que o gestor tenha o máximo de conhecimento sobre as especificações do produto, como ramo, segmento, características próprias, durabilidade efetiva e tempo de garantia, público-alvo que pretende atingir, especificidade jurídica do bem ou do serviço, funcionalidade geral do produto, necessidade atendida, relação de oferta e demanda, entre outros (Cruz, 2011).

O preço psicológico, sob a perspectiva do marketing, engloba também os aspectos relacionados ao sacrifício de tempo do consumidor ao procurar por um produto, assim como o sacrifício de energia e o sacrifício psicológico, quando avalia as alternativas disponíveis. Todas essas questões estão relacionadas ao **preço não monetário** percebido, segundo Torres e Torres (2013). Portanto, "compramos um produto quando percebemos que o preço total (preço monetário mais o preço não monetário) é compatível com os benefícios gerados" (Torres; Torres, 2013, p. 319).

3.3.7

Dumping

Segundo Kotler e Armstrong (2015), *dumping* é uma prática comercial na qual preços muito inferiores ao do mercado são praticados. É muito comum quando empresas pretendem entrar em outros países, querem ganhar participação de mercado e visam prejudicar ou até eliminar as empresas concorrentes. Essa prática é reprimida pelos governos nacionais quando comprovada.

As estratégias de precificação se diferenciam conforme o ciclo de vida do produto. Na fase de introdução, o período em que um novo produto, processo ou forma de distribuição é introduzido no mercado, existem poucos ou nenhum concorrente direto, os investimentos são altos e os lucros são baixos; um exemplo são as lojas de produtos orgânicos e os *food trucks*. Na fase de crescimento, período em que o modelo alcança aceitação, há expansão nos lucros, pois o mercado já atingiu alto volume, mas ainda não está saturado; como exemplo temos as megalivrarias e as padarias com *fast food* e produtos de conveniência.

Na fase de maturidade, período em que a concorrência se torna intensa, há uma tendência para a diminuição dos lucros, pois o mercado está saturado; um exemplo são os supermercados tradicionais e as lojas de departamentos. Na fase de declínio, as vendas e os lucros começam a decair, cedendo espaço para os formatos mais ajustados às necessidades baseadas em estilo de vida e tendências de mercado; exemplos são as lojas especializadas e as lanchonetes tradicionais.

Estudo de caso

A percepção do consumidor em relação à precificação dos produtos

A empresa Flor-de-Lis, fabricante de cosméticos e produtos de higiene pessoal, iniciou suas atividades na década de 1970 em uma pequena cidade no interior do estado de São Paulo. No portfólio de produtos da empresa constavam batons, sombras, pós compactos, bases, *blushes*, além de xampus, condicionadores e cremes hidratantes para o rosto e para o corpo. O público-alvo era a classe C.

3 Precificação de produtos: "P" de *preço*

A estratégia foi focar em um nicho de mercado que valorizasse a beleza por meio do cuidado com o corpo e com o rosto. O contexto econômico à época era de crescimento a olhos vistos; por isso, empreendedores abriram filiais da empresa em mais dois estados: Paraná e Minas Gerais. Porém, na década de 1980, a economia sofreu retração no crescimento e houve uma instabilidade econômica muito grande com o processo de maxidesvalorização da moeda corrente, o Cruzeiro, que gerou uma crise econômica no país.

Diante do cenário apresentado, os empreendedores foram forçados a fechar a filial de Minas Gerias, mantendo a unidade do Paraná e a sede no interior de São Paulo por apresentarem maior penetração nesses mercados. Os custos foram diminuídos ao mínimo, cortando-se pela metade o volume de produtos produzidos. Além disso, a empresa foi obrigada a demitir muitos funcionários, ficando somente com o necessário para atender à demanda dos mercados nos quais já havia se estabelecido.

Apesar de o contexto econômico na década de 1980 ter sido marcado pela instabilidade econômica, o fim da ditadura militar (1984) e a nova Constituição Brasileira (1988) geraram mudanças no comportamento das pessoas, principalmente dos jovens, com a necessidade de expressarem o que sentiam e o que eram de fato, pois não havia mais censura. A maquiagem foi um dos ícones de consumo, mas o acesso a produtos importados era difícil e somente a classe mais abastada tinha recursos financeiros para adquiri-los.

Diante desse quadro, as vendas internas aumentaram e a Flor-de-Lis conseguiu maior participação de mercado. Os produtos da área de cosméticos passaram a ser considerados estrela na análise da Matriz BCG, mas a empresa ainda dependia de muitos investimentos em comunicação para que alguns produtos ganhassem a preferência dos consumidores e passassem a ser considerados vaca leiteira, trazendo maior rentabilidade para que a empresa continuasse a investir em pesquisa e desenvolvimento de novos produtos, considerados ponto de interrogação.[1]

Em 1990, a abertura da economia à concorrência internacional aumentou a produtividade e a competitividade da economia nacional, fato que contribuiu para que os empreendedores da Flor-de-Lis ampliassem a planta fabril e incluíssem perfumes em seu portfólio. Por meio da análise da Matriz de Ansoff (produto/mercado), decidiram aplicar esforços no desenvolvimento de mercado e na diversificação, pois os produtos importados estavam chegando ao país cada vez com maior intensidade.

Inicialmente, os gestores optaram por abrir lojas em aeroportos, tendo como público-alvo as classes A e B. As estratégias, com base no panorama econômico nacional e global, apontavam para o crescimento do setor, porém a estratégia não trouxe os resultados esperados e as vendas não deslancharam, apresar de todo o investimento em propaganda, com forte orientação à sustentabilidade, com produtos naturais.

---

[1] Tratamos da Matriz BCG no Capítulo 2.

3 Precificação de produtos: "P" de *preço*

Após pesquisas, verificou-se o que estava ocorrendo. Como os pontos de vendas estavam localizados na ala internacional dos aeroportos, as pessoas tinham curiosidade pelos produtos, por terem apelo ecológico e sustentável, mas os preços eram considerados muito baixo, o que, segundo a percepção dos consumidores, passava a ideia de baixa qualidade, uma vez que estavam praticamente ao lado de produtos importados. Ao detectar o erro na precificação, a empresa passou a considerar o valor agregado, aumentando os preços, e assim alavancou as vendas e a rentabilidade.

Síntese

Neste capítulo, analisamos o preço, um dos principais elementos do composto de marketing (4 Ps), pois, segundo Kotler e Keller (2006, p. 428), "o preço é o elemento do *mix* de marketing que produz receita; os demais produzem custos". As empresas devem ficar atentas ao contexto do microambiente, bem como do macroambiente, para definir corretamente a estratégia de preço que leve a empresa a obter a maior lucratividade possível.

Analisamos também como o posicionamento da empresa no mercado afeta diretamente a definição dos preços. Segundo Porter (1999), as estratégias genéricas são por diferenciação, por custo ou por foco. Dependendo de qual estratégia a empresa escolher, ofertará e precificará produtos para atender a um público-alvo específico. O preço geralmente será definido ou terá como base os custos totais da empresa; então, é necessário calcular custos fixos e custos variáveis e adicionar uma margem de retorno pretendido. Deve-se levar em consideração, ainda, os custos em função da curva de experiência, pois ao longo do tempo a empresa adquire *know-how* e os custos tendem a diminuir.

A empresa também poderá optar pela precificação por meio da definição do ponto de equilíbrio. Nessa estratégia, busca-se determinar a quantidade de produtos produzidos e vendidos, a partir da qual a empresa comece a obter lucro. Há também a precificação com base na concorrência, na qual a empresa analisa os preços que estão sendo praticados pelos concorrentes e as ofertas no mercado, bem como o posicionamento dos concorrentes.

As estratégias de precificação acompanham o ciclo de vida do produto. Quando o produto está na fase de introdução no mercado, os preços geralmente são altos, pois a empresa precisa recuperar os investimentos em pesquisa e desenvolvimento. A empresa então adota a estratégia de *skimming*, pois o volume de vendas é baixo, mas as pessoas que consomem têm poder aquisitivo e privilegiam a exclusividade. Na fase de crescimento, os preços ainda continuam altos, pois é a fase em que a empresa consegue recuperar seus investimentos, caso o produto tenha sido bem aceito pelo público. Na fase de maturidade, a empresa poderá adotar a estratégia de penetração para atingir a maioria do público que consumirá o produto. Na fase de declínio, a empresa geralmente adota a estratégia de promoção para desovar os estoques.

No tocante ao nível da demanda, é necessário analisar se há variação conforme os preços sobem ou descem. Quando se aumenta o preço de determinado produto e a demanda cai proporcionalmente mais, a demanda é considerada elástica; se o preço aumenta e a demanda cai a um nível proporcionalmente menor, é considerada inelástica; se o preço aumenta e a demanda permanece a mesma, sem nenhuma alteração, é considerada anelástica.

Questões para revisão

1   Após estudos realizados pelo departamento de custos de uma empresa, detectou-se que o ponto de equilíbrio de um produto é de 1.000 unidades vendidas por mês. A situação apresentada a seguir evidencia tal resultado.

Demonstração de lucro através do ponto de equilíbrio contábil

Vendas (1.000 unidades vendidas a R$ 8,00 cada uma) – total = R$ 8.000,00

(–) Custos variáveis (1.000 unidades a R$ 2,00 cada uma) – total = R$ 2.000,00

(–) Despesas variáveis (1.000 unidades a R$ 1,00 cada uma) – total = R$ 1.000,00

(=) Margem de contribuição total = R$ 5.000,00

(–) Custos e despesas fixas para o período – total = R$ 5.000,00

(=) Lucro operacional – total = 0

Diante da necessidade de alavancar seus resultados econômicos, a empresa pretende comprar um novo equipamento para melhorar a qualidade de fabricação do referido produto. Entretanto, a aquisição desse novo equipamento provocará aumento no preço de venda unitário para R$ 10,00; nos custos fixos, para R$ 7.000,00; nos custos variáveis por unidade, para R$ 2,50; nas despesas variáveis, para R$ 1,50; e ainda deseja auferir um lucro de R$ 2.000,00.

Com as alterações provocadas pela aquisição do novo equipamento, para atingir seu ponto de equilíbrio econômico, a empresa deverá vender quantas unidades de produto?

a   1000
b   1200
c   1400
d   1500
e   1800

2   (Enade – 2015 – Tecnologia em Gestão Comercial) Um universitário resolveu fornecer almoço para a comunidade da instituição de ensino em que estudava, onde o almoço custava o valor de R$ 18,00. Sua intenção era oferecer o serviço a um menor preço e, assim, arrecadar fundos para a realização de sua formatura. Foi, então, em busca do necessário para o fornecimento das refeições e estimou o custo para tal empreendimento. Após a pesquisa, alcançou a seguinte estrutura unitária de custos:

— Matéria-prima = R$ 7,00
— Impostos incidentes = R$ 3,00
— Gastos com embalagens = R$ 2,00

De posse dessas informações, o estudante estipulou a obtenção de lucro de 30% sobre o custo final do produto. Definiu, ainda, que os almoços vendidos a outros estudantes teriam um desconto de 15% no preço de venda.

Considerando a estrutura de custos exposta, conclui-se que o preço de venda do produto e o desconto sobre este preço, caso uma unidade do almoço fosse vendida a um estudante, corresponderiam, respectivamente, a:

a   R$ 13,60 e R$ 2,04.
b   R$ 14,60 e R$ 2,19.
c   R$ 15,60 e R$ 2,34.
d   R$ 16,60 e R$ 2,49.
e   R$ 17,60 e R$ 2,64.

3   Os preços praticados pela empresa Delta, fabricante de equipamentos eletrônicos, são cinco vezes maior quando lança os produtos no mercado. Essa estratégia é considerada assertiva para produtos inovadores. Identifique a estratégia de precificação praticada e assinale a opção correta:

a   *Skimming*
b   Penetração
c   *Markup*
d   Ponto de equilíbrio
e   Baseada em custos

4   Os preços praticados no mercado por empresas do mesmo setor, com valores cobrados abaixo dos custos totais de produção e comercialização, são considerados *dumping*. Explique por que grandes empresas praticam esse tipo de precificação.

5   Empresas como a Apple incorrem em custos altos para agregar valor e obter preços e margens maiores. Qual é a estratégia de precificação adotada por esse tipo de companhia?

Questão para reflexão

1 Observando o quadroa seguir é possível comparar as estratégias de preços baixos, médios e altos, relacionando-os com os benefícios ofertados. Se o benefício é alto, o produto se posiciona no mercado com alto valor agregado, portanto a estratégia é de preço alto; por outro lado, se o benefício ofertado é baixo, a estratégia é de preço baixo. A estratégia de precificação deve sempre estar associada à estratégia organizacional.

Expectativas do consumidor

Expectativa esperada do nível de serviços	Estratégia do *mix* de serviços	Tipos de serviços oferecidos	Nível de preços praticado
Baixa	Autosserviço	Serviços essenciais	Baixo
Média	Serviço limitado	Serviços esperados	Médio
Elevada	Serviço completo	Serviços opcionais	Alto

Fonte: Kotler, 2009.

Como a estratégia de precificação está relacionada com o posicionamento do produto e da marca no mercado? De que maneira a relação custo-benefício é considerada pelo consumidor?

Para saber mais

Leia um artigo de Basso et al. (2011) sobre a estratégia de preços mais baixos para novos clientes.

> BASSO, K. et al. Preços mais baixos para novos clientes: consequências da percepção de injustiça de preço nos clientes atuais. Revista de Administração, São Paulo, v. 46, n. 4, p. 407-422, out./dez. 2011. Disponível em: <http://www.scielo.br/pdf/rausp/v46n4/a06v46n4.pdf>. Acesso em: 2 ago. 2018.

Conteúdos do capítulo:
- Canal de distribuição como processo.
- Como agregar valor ao consumidor por meio do canal.
- O papel dos canais de marketing.
- Distribuição direta e indireta.
- Varejo com loja e varejo sem loja.

Após o estudo deste capítulo, você será capaz de:
1. identificar o papel da distribuição sob a ótica do marketing;
2. definir o melhor canal de distribuição segundo o posicionamento da empresa e do produto;
3. explicar como o canal de distribuição pode agregar valor ao consumidor final;
4. conceber o canal de distribuição como uma forma de entrega rápida e segura do fabricante ao consumidor final;
5. diferenciar os tipos de varejo e a combinação entre eles para entregar benefícios ao consumidor.

4

Distribuição: "P" de *praça*

4.1
Distribuição como processo

Do termo em inglês *place*, praça é o "P" do composto mercadológico que está relacionado a todo tipo de distribuição de produtos e serviços. É importante sabermos que "Canais de Marketing são as rotas de mercado utilizadas para vender produtos e serviços que consumidores e compradores de empresas adquirem em todo o mundo" (Coughlan et al., 2011, p. 1).

O departamento de marketing precisa definir corretamente o canal de distribuição, segundo Coughlan et al. (2011). Vejamos por quais razões:

Em primeiro lugar, porque o canal de distribuição deve estar alinhado à estratégia da organização e é o elo entre o fabricante e o consumidor final. Assim, é necessário conhecer os parceiros de distribuição para obter o sucesso do negócio, já que é o distribuidor, no caso do varejo com loja, que está mais próximo do consumidor final e pode compreender melhor seus hábitos de consumo, suas exigências em relação aos serviços agregados e às especificações do produto. Essa proximidade permite levantar informações relevantes para os empresários ajustarem produtos e serviços que atendam aos consumidores finais ou às empresas, no caso de mercado B2B (*business-to-business*).

Em segundo lugar, porque o modo de distribuição pode ser o grande diferencial do negócio, por meio de loja, por *e-commerce*, pela exclusividade ou pela combinação de vários formatos de distribuição.

Em terceiro lugar, porque a distribuição reflete a estratégia de posicionamento da empresa. Um fabricante de produtos com valor agregado que se posiciona no mercado tendo como estratégia a exclusividade terá uma distribuição com esse foco, como é o caso das bolsas da marca francesa Louis Vuitton, que podem custar R$ 20 mil. Por outro lado, um fabricante de produtos com baixo valor agregado que se posiciona no mercado com o menor preço pode optar por um canal de distribuição popular, como as bolsas femininas vendidas em lojas populares.

4 Distribuição "P" de praça

A distribuição deve ser entendida como um processo, pois construir um canal de distribuição requer altos investimentos. Além disso, modificar um canal exige um investimento elevado e de longo prazo. Isso torna necessário planejar, para que a empresa implante e mantenha um canal rentável, tanto no mercado B2C (*business-to-consumer*) quanto no mercado B2B.

A finalidade do canal é disponibilizar o produto ou serviço para uso ou consumo, por isso deve ser visto como um ativo de marketing estratégico, com o objetivo de atender às demandas dos consumidores finais. Deve ser entendido e gerenciado como um **processo** que precisa estar em constante monitoramento e aperfeiçoamento para que se atinjam os consumidores de forma eficiente e eficaz, atendendo sempre às suas necessidades.

4.2 Canais de marketing e redes de valor

A política e o sistema de distribuição visam sempre ao longo prazo. Dias et al. (2003) corroboraram essa ideia e acrescentaram que, como a longevidade é uma praxe, antes de operacionalizar o sistema de distribuição, é necessário definir quais são seus objetivos. Neste capítulo, analisaremos como disponibilizar o produto.

Dependendo da estratégia organizacional, a maneira de vender e a definição do canal de distribuição serão diferenciadas. Se a estratégia for de penetração de mercado, deve-se considerar o tipo de produto e a precificação para atender à massa; se a estratégia for de ocupação de mercado, será necessário entender as especificidades de determinado nicho para poder atendê-lo em todas as necessidades. O gestor precisa definir o posicionamento pretendido para a marca, e isso está diretamente relacionado à forma de distribuição.

Considere um produto que atende a todos os segmentos, como Coca-Cola e Bombril. Agora considere um produto que atende a um segmento específico, como um vinho francês ou joias finas. A estratégia de distribuição é definida com base nas características do produto e em sua precificação. Assim, a estratégia da Coca-Cola é de penetração de mercado, pois está no maior número possível de pontos de venda. Já o vinho francês ou a joia cara estão em pontos de vendas específicos, compatíveis com as especificidades dos consumidores desses tipos de produto.

Se a estratégia é de penetração de mercado, a empresa deve desenvolver vários produtos e serviços e estar em vários segmentos de mercado: no caso da Coca-Cola, em lanchonetes, restaurantes, bares, supermercados; se a estratégia é de ocupação de mercado, como no caso dos vinhos caros, então a empresa deve se especializar em atender a um segmento específico, de pessoas que apreciam vinho e têm poder aquisitivo maior.

Essas estratégias dependem também do perfil do empreendedor, pois alguns são mais conservadores, ao passo que outros são mais arrojados e se permitem correr um risco maior.

4 Distribuição "P" de praça

4.3
Papel de canais de marketing

Canais de marketing são configurações interorganizacionais, consideradas de valor, que têm o objetivo de dirigir e suportar o fluxo da produção para o uso (Hoppner; Griffith, 2015). Segundo Coughlan et al. (2011), o papel do canal de marketing é realizar funções que reduzam os custos de busca por parte do consumidor final; portanto, se os atributos do produto ou os preços forem similares entre os concorrentes, a distribuição poderá ser o grande diferencial.

Os usuários finais preferem lidar com um canal de distribuição que ofereça uma quantidade maior de serviços, por isso Coughlan et al. (2011) especificam quatro serviços genéricos: fracionamento, conveniência espacial, tempo de espera ou entrega e variedade de produtos; os autores acrescentam atendimento ao cliente e fornecimento de informações.

Fracionamento significa que o distribuidor, como uma loja de varejo, possibilitará aos consumidores a compra do produto na quantidade desejada. Uma pessoa que mora sozinha, por exemplo, poderá comprar suco em garrafas de 500 ml, mas uma família com cinco ou seis pessoas pode optar por embalagens maiores, com 4 ou 5 litros.

A **conveniência espacial** está relacionada à redução da necessidade de transporte e de custos de busca em lojas de conveniência, *shoppings*, máquinas de venda automática e outros canais de distribuição que tenham como foco a conveniência do espaço físico onde se localizam os pontos de distribuição.

O **tempo de espera ou de entrega** define o resultado final: quanto menor é o tempo entre a compra e a entrega, maior é a satisfação do consumidor final. A **variedade de produtos** por meio das linhas ofertadas e a profundidade das linhas são considerados serviço de valor alto para os consumidores finais. Um exemplo são os hipermercados, em que as pessoas encontram desde produtos de higiene pessoal até pneus e acessórios para carro. O inconveniente é que o custo de distribuição se eleva, pois, à medida que a prestação de serviços cresce, os custos aumentam proporcionalmente.

O **atendimento ao cliente** é a parte fundamental de todo o canal de distribuição, pois a excelência em serviços pode aumentar vendas e lucros; e o mau atendimento pode criar uma imagem negativa. Bem atender deve ser uma filosofia da empresa: aqueles que atendem diretamente aos consumidores devem servi-los da melhor maneira possível, com ações cordiais. O resultado esperado é que os clientes comprem mais, adquiram novos produtos e formem uma opinião favorável da empresa a ponto de falar bem dela a outras pessoas. O custo de manter clientes é cinco vezes menor do que o de conquistar novos. Esses clientes podem, ainda, dar sugestões para a melhoria de produtos, de serviços e de forma de distribuição. O consumidor está cada vez mais conectado e por isso a empresa deve se posicionar em sua mente de modo que este crie um "valor percebido", segundo Kotler (2000).

O **fornecimento de informações**, no sentido de venda de soluções, é um dos serviços que agregam valor ao consumidor final. O que as pessoas procuram atualmente em um varejo

4 Distribuição "P" de praça

nem sempre é apenas o produto em si, mas uma solução para um problema. Pode ser desde um traje para um jantar de gala até uma furadeira usada na hora de pendurar um quadro na parede; muitas mulheres não querem somente comprar um vestido, mas saber o que combina com ele e quais acessórios são indicados para determinada ocasião.

Figura 4.1 – Sistema de marketing vertical

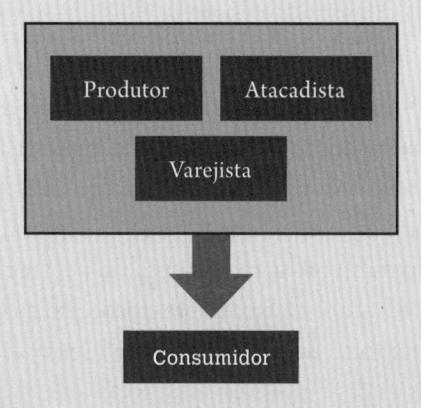

```
┌─────────────────────────────────┐
│   Produtor      Atacadista      │
│         Varejista               │
└─────────────────────────────────┘
              ↓
         Consumidor
```

Os canais de marketing são análogos a uma corrida de revezamento em que há troca de bastão: os produtos vão se movimentando ao longo do canal de distribuição até chegar ao consumidor final, no chamado *canal vertical de marketing*. Por exemplo, o fabricante entrega o produto para o atacadista, que distribui para os varejistas, que vendem ao consumidor final.

Figura 4.2 – Horizontalidade de informações: fluxo nos dois sentidos

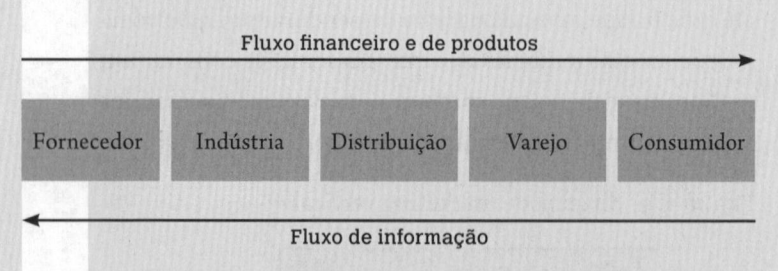

Fluxo financeiro e de produtos →

| Fornecedor | Indústria | Distribuição | Varejo | Consumidor |

← Fluxo de informação

Portanto, há responsabilidade em todos os níveis do canal para que o consumidor final seja atendido em todas as suas necessidades, relativas, por exemplo, à disponibilidade no momento oportuno, ao local e ao horário da compra, à quantidade e ao sortimento. Essa movimentação ocorre nos dois sentidos, uma vez que os consumidores fornecem dados para que todos os membros do canal aprimorem seus processos.

4.4
Decisões de projeto de canal e gerenciamento

Decidir sobre o projeto de canal, o "P" do composto de marketing relacionado a *praça*, significa entender como os consumidores desejam adquirir e usar produtos ou serviços. O que se percebe atualmente é que eles buscam praticidade, preferem serviços que reduzam suas buscas, seu tempo de espera e armazenagem, pontos que devem ser observados nos canais de distribuição e que são considerados valor agregado.

4 Distribuição "P" de praça

Para decidir se a distribuição será direta ou indireta, os compostos mercadológicos estudados anteriormente (produto e preço) devem ser analisados. Isso porque, dependendo do tipo de produto, a venda deverá ser direta (do produtor ao consumidor final). Esse é o caso de produtos altamente especializados e com preço elevado para atender ao mercado organizacional. Os vendedores devem estar preparados para apresentar aos compradores soluções para sua linha de montagem ou de acabamento de produto, entre outros.

Algumas empresas voltadas ao mercado consumidor, formato conhecido como B2C, também ofertam produtos diretamente aos consumidores finais e se dedicam a treinar sua equipe de vendas para melhor atender aos clientes, oferecendo soluções para cada tipo de problema. Esse é o caso de empresas de cosméticos como Avon e Natura, que distribuem seus produtos diretamente aos consumidores, em sua grande maioria mulheres, e prezam por revendedoras simpáticas e com bom relacionamento interpessoal, que saibam se expressar e atendam de maneira cordial a suas clientes.

O gestor deverá optar por uma distribuição indireta no caso de produtos de baixo valor agregado, com baixo custo ou que tenham prazo de validade curto. São exemplos os produtos alimentícios que devem estar disponíveis no maior número de atacadistas e varejistas para que sejam demandados antes do vencimento. No caso de a estratégia ser distribuição indireta, utilizando varejo ou atacado, a empresa deve levar em consideração os objetivos do canal, que, segundo Coughlan et al. (2011), são: incrementar a utilidade; facilitar a utilidade do tempo; ampliar a utilidade do lugar; promover a utilidade da posse; elevar a conveniência; contribuir para criar uma imagem para a loja; promover segurança ao cliente; elevar o tráfego na loja; e firmar a posição competitiva.

Figura 4.3 – Níveis de canal de marketing

Fabricante	Fabricante	Fabricante	Fabricante	Fabricante	Fabricante
		Atacadista			Representantes ou escritos de vendas do fabricante
	Varejista	Varejista		Distribuidor organizacional	Distribuidor organizacional
Consumidor	Consumidor	Consumidor	Cliente organizacional	Cliente organizacional	Cliente organizacional
Canal 1	Canal 2	Canal 3	Canal 1	Canal 2	Canal 3
a) Canais de marketing ao consumidor			b) Canais de marketing organizacionais		

Fonte: Kotler; Armstrong, 2015, p. 378.

Segundo Coughlan et al. (2011, p. 1), "canais de Marketing são as rotas de mercado utilizadas para vender produtos e serviços que consumidores e compradores de empresas adquirem em todo o mundo". Portanto, os papéis no canal de marketing são basicamente três: fabricantes (produtores ou quem dá origem ao produto ou serviço), intermediários (qualquer membro que não seja produtor ou consumidor final) e usuários finais (consumidores individuais).

4.5
Varejo

O varejo pode atender ao consumidor final por meio de telefone, correio, internet ou na modalidade porta a porta. As primeiras feiras livres na cidade de São Paulo (SP) surgiram para resolver o problema da falta de alimentos para atender ao grande aumento da população no início do século XX (Varotto, 2006). Foi nessa época que surgiram os armazéns de secos e molhados e os vendedores ambulantes.

Portanto, "varejo é qualquer instituição cuja atividade principal consiste na venda de produtos e serviços para o consumidor final" (Ferreira Junior; Centa, 2014, p. 98). Assim, os participantes de um canal podem criar diversos arranjos para atender ao consumidor final; as rotas de mercado fazem parte da estratégia da empresa e a definição do melhor canal é feita de acordo com o mercado-alvo da empresa.

4.5.1
Varejo com loja

Ao optar por um varejo com loja, o gestor deve se assegurar de que esta se encarregará de distribuir seu produto e "lerá" a mente dos clientes, implementando serviços inovadores, aumentando a percepção de valor e entregando produtos e serviços que atendam às expectativas dos clientes e as supere. Você pode estar se perguntando "Como as pessoas que atendem no varejo terão o poder de 'ler a mente' dos consumidores?". Não se trata de ter um poder sobrenatural, mas sim de aplicar os ferramentais adequados para que a probabilidade de acertar seja alta.

Quando um consumidor entra em uma revenda de carros, por exemplo, provavelmente quer comprar um automóvel e está pesquisando as melhores opções. O vendedor deve ser gentil, cumprimentar, perguntar o modelo que o potencial comprador procura e tentar descobrir detalhes sobre a compra, percebendo se a pessoa está se sentindo confortável ao responder. A partir daí, o vendedor tem subsídios para ofertar a melhor opção de carro para atender às necessidades do cliente ou de sua família. Pesquisas posteriores devem ser aplicadas para entender a necessidade do consumidor.

Empreendedores podem ofertar serviços inovadores. Uma loja de roupas femininas, por exemplo, pode disponibilizar aos acompanhantes das compradoras um ambiente aconchegante com telão e transmissão de jogos, revistas e jornais e sofás confortáveis para que estes fiquem tranquilos, não tenham pressa. Com isso, o *ticket* médio das compras tende a aumentar, pois as mulheres poderão permanecer por mais tempo comprando.

O varejo tem poder para orientar a escolha dos consumidores? Sim. Atualmente o varejo explora os cinco sentidos para que as percepções influenciem na hora da compra. A combinação dos elementos sensoriais estimula o consumidor a permanecer mais tempo na loja, com maior propensão a gastar. São exemplos as lojas com cheiros únicos, fragrâncias desenvolvidas especialmente para elas, como a MMartan, do varejo de cama, mesa e banho, ou a L'Occitane, com produtos de beleza.

4 Distribuição "P" de praça

Quando alguém opta por abrir uma franquia, – um sistema de negócio em que uma empresa cede a um empreendedor o direito da utilização da marca e da distribuição exclusiva de seus produtos e serviços desde que mantido seu padrão de gestão –, sabe que o franqueador o auxiliará a atingir seus objetivos por meio de um posicionamento claro da marca no mercado e dos meios de distribuição de produtos ou serviços, pois monitora e mantém padrões previamente estabelecidos. Em contrapartida, o franqueado executa um negócio rentável, desde que seja financeiramente saudável para cumprir com suas obrigações; para isso, recebe treinamento para funcionários, serviços de orientação, além de *know-how*, o que se torna uma opção interessante para muitos empreendedores (Torres; Torres, 2013).

Figura 4.4 – Processo de franquias

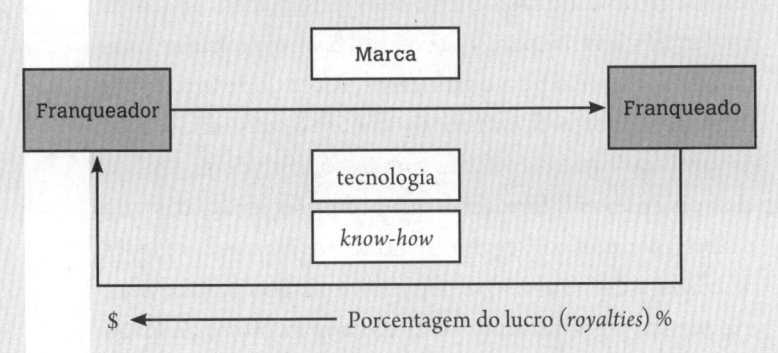

```
                    ┌─────────┐
                    │  Marca  │
                    └─────────┘
┌────────────┐                      ┌────────────┐
│ Franqueador│ ───────────────────► │ Franqueado │
└────────────┘                      └────────────┘
       ▲            ┌───────────┐
       │            │ tecnologia│
       │            └───────────┘
       │            ┌───────────┐
       │            │ know-how  │
       │            └───────────┘
       │
       $ ◄────── Porcentagem do lucro (*royalties*) %
```

Fonte: Portal Administração, 2018.

No varejo independente ou no varejo de franquias, os produtos estão cada vez mais ao alcance dos clientes. Atualmente, as lojas podem ter *layout* diferente, sem corredores demarcados, o que permite ao consumidor circular entre as prateleiras, pegando, sentindo, cheirando e até degustando os produtos. O visual é outro fator determinante; na Inglaterra, a maior loja de departamentos, a Selfridges, inovou no visual para chamar a atenção dos clientes: a tradicional vitrine com produtos expostos deu lugar a obras de arte compondo um visual sofisticado, e já na entrada da loja ficam os quiosques de perfumaria, dos quais os vendedores borrifam essências. Determinadas situações podem proporcionar aos consumidores experiências memoráveis de compra e esclarecer o posicionamento da loja diante do mercado. Com isso, pode conquistar a lealdade dos clientes, que passam a fazer propaganda boca a boca.

Com relação às influências de compra do varejo, segundo Blessa (2013), pesquisas apontam que 85% dos consumidores que vão às compras sabem o que querem, mas não sabem qual marca levarão para casa; assim, o varejo torna-se uma mídia excepcional para o fabricante. Além de desempenhar um papel importante entre o fabricante e o consumidor final, os varejistas estão cara a cara com os consumidores e tendo chances de obter informações que podem ser repassadas para o fabricante, pois conseguem identificar as reais necessidades do consumidor. O varejo também deve oferecer praticidade e experiência positiva no momento da compra, propiciando um ambiente agradável com segurança e excelente atendimento. Por meio de uma boa gestão do canal, é possível manter uma relação de parceria com o cliente e oferecer novos produtos, criar valor, desenvolver atendimento personalizado, além de proporcionar outros diferenciais. Quando há bom relacionamento entre os membros do canal e a gestão eficiente, é possível se antecipar às tendências de consumo. Segundo Duffy (2002), há alguns passos para atrair e fidelizar clientes no varejo:

1º Agradecer a visita do cliente à loja e aproveitar a oportunidade para realizar um cadastro e assim coletar dados para alimentar o *software* do CRM (Customer Relationship Management), responsável pelo bom gerenciamento de relacionamento com o consumidor.
2º Manter contato após a visita.
3º *Follow-up* via *e-mail*, SMS etc.
4º *Follow-up* em 30 dias.
5º Refazer os passos, caso o cliente traga um amigo.
6º Manter o cliente informado.

Follow-up significa "acompanhar". Na área de vendas, essa atividade é composta de tarefas usadas para acompanhar a relação estabelecida entre a empresa e o cliente, permitindo também avaliar seu nível de satisfação.

4.5.2
Varejo sem loja

O varejo virtual ou eletrônico acontece, entre outros meios, via internet, mídias sociais, *sites* de compra e venda. Para atender à diversidade dos compradores, o gestor pode optar por mais de um canal de distribuição. Por exemplo, o comprador de um aparelho de TV poderá adquiri-lo em uma loja física especializada, pela internet, pelo telefone etc. Portanto, o consumidor tem acesso a diversas formas de contato com o produto antes de decidir pela compra e pelo canal de compra especificamente, o que o torna mais sensível a preços.

A combinação entre varejo com loja e varejo sem loja proporciona novas experiências para os consumidores. Um exemplo é a loja de roupas e acessórios Amaro, que oferta seus produtos *on-line*, tendo lojas físicas em algumas cidades. Porém, a loja física é na verdade um *showroom* com produtos para experimentar as peças e verificar sua textura e qualidade; a compra em si é realizada apenas pelo *site*. Tudo indica que os mundos *on-line* e *off-line* acabarão convergindo, segundo Kotler (2017). A conectividade tem transformado o modo como as empresas veem a concorrência e os consumidores, pois há maior colaboração com os concorrentes e com os clientes, que deixam de ser meros receptores de ações das empresas e passam a colaborar com ela: "As empresas precisam encarar a realidade de que, para vencer, devem colaborar com grupos externos e até envolver a participação dos clientes" (Kotler, 2017, p. 35).

Não podemos deixar de mencionar clubes de assinaturas para os mais diversos tipos de produtos, nos quais o consumidor paga uma taxa mensal e recebe uma caixa com os produtos variados que seguem determinado tema. Esse consumidor está em busca de experiências, pois não sabe exatamente o que receberá; em um clube de assinatura de livros, por exemplo, o assinante recebe todo mês um livro, mas somente fica sabendo qual é poucos dias antes acompanhando as redes sociais da empresa. Isso mostra que algumas pessoas realmente buscam experiências, e não simplesmente produtos. Kotler (2017, p. 167) dá os seguintes exemplos:

4 Distribuição "P" de praça

Imagine um cenário no qual o consumidor toma conhecimento de um produto por meio de anúncios na TV. Ele então visita uma loja próxima para tentar testar o produto. Depois de examiná-lo, bem como a outros produtos concorrentes, e consultar um atendente da loja, o consumidor enfim decide que aquele produto é o melhor. Ele então busca o mesmo produto online e compra ali por um preço menor.

Agora imagine um outro cenário, em que um consumidor descobre um produto por anuncio em banners online. Ele então busca mais informações sobre o produto na mídia social com um smartphone. Um post na mídia social o leva a um site de comparação de produtos, que é prontamente examinado. O consumidor então conclui que o produto é o melhor do mercado, procura a loja mais próxima onde pode encontrar a marca e vai até lá e compra.

De acordo com Kotler (2017), o primeiro caso é chamado de *showrooming* e o segundo é chamado de *webrooming*. Os consumidores atualmente assumem perfis cada vez mais conectados e receptivos a diferentes canais e mudam constantemente de um para outro em busca de uma experiência contínua. Isso faz que os profissionais de marketing se concentrem nos pontos de contato e nos canais mais relevantes para engajar os funcionários na estratégia de marketing onicanal (em todos os canais).

Estudo de caso

Elza é *designer* de joias e Maria Helena é administradora, ambas residem na cidade de São Paulo (SP). As duas se encontraram em um *buffet* infantil no bairro de Moema e, enquanto os filhos se divertiam brincando com os colegas, as duas conversavam sobre o dia a dia com as crianças e o emprego. Elza contou que estava desenvolvendo uma nova coleção de peças com apelo à cultura do Nordeste, coloridas e descontraídas. Maria Helena disse que administrava uma loja de roupas masculinas e estava implantando uma série de mudanças para que, com a utilização de ferramentas de marketing sensorial, aumentasse a fidelização dos clientes.

Ao término da festa, as duas combinaram de se encontrar para um almoço em um restaurante nas proximidades da escola das crianças. Em conversas sobre trabalho e casa, as duas começaram a pensar na possibilidade de abrir um empreendimento com uma nova proposta. Após seis meses, a ideia amadureceu e foi criada a Dona Flor, uma loja de acessórios para mulheres das classes A e B, público do qual elas e a maioria das amigas fazem parte, com estilo despojado, mas sem abrir mão da exclusividade. Decidiram por esse empreendimento porque sentiam falta de peças arrojadas, descontraídas e ao mesmo tempo de bom gosto. Pesquisaram o mercado em São Paulo e o compararam com o mercado europeu; com isso, verificaram que em São Paulo as lojas de bijuterias eram voltadas para o mais clássico, como semijoias. A ideia estava amadurecida e a segunda fase era fazer o plano de negócios. Para isso era necessário estabelecer o sortimento dos produtos que seriam ofertados e o local da loja.

4 Distribuição "P" de praça

Se você fosse o gestor da loja, qual local escolheria?

Elas escolheram o Shopping Iguatemi, um ponto clássico e chique de vendas de São Paulo, pois o público-alvo era formado pelas classes A e B. No primeiro mês, as vendas foram consideradas boas, pois a propaganda entre as pessoas que foram convidadas para a inauguração surtiu resultados positivos. Porém, com o passar dos meses, as vendas caíram e veio a pergunta: "o que devemos melhorar para que as mulheres que compram ou que passam em frente à loja entrem e tenham uma experiência diferenciada de compras?". Decidiram, então, fazer uma análise das variáveis internas do empreendimento.

O que você faria para tornar a experiência única e encantadora?

Ao refletir sobre o que estava acontecendo, Maria Helena, que anteriormente trabalhava em uma loja masculina, percebeu que não estava aplicando as ferramentas de marketing sensorial em seu próprio empreendimento. Elza, que era *designer*, percebeu que não estava personalizando as peças conforme o desejo de cada cliente. Além disso, ao pesquisarem mais sobre o perfil das clientes, concluíram que a disposição dos produtos na vitrine não chamava a atenção de quem passava.

Assim, remodelaram o negócio e organizaram as vitrines com obras de arte de artistas brasileiros, famosas por seu colorido ímpar e peças artesanais arrojadas, transmitindo o conceito da loja. No interior, as peças foram estrategicamente posicionadas para que as clientes pudessem manuseá-las e experimentá-las. A iluminação também foi ajustada para destacar as peças, deixando os corredores e o interior à meia-luz. O som ambiente ficou com uma seleção de MPB e um aroma foi desenvolvido especialmente para o ponto de venda, com notas cítricos e florais para deixar o ambiente ainda mais feminino. As peças podem ser personalizadas e entregues na casa da cliente sem custo na cidade de São Paulo.

A Dona Flor enfrenta atualmente uma concorrência acirrada com a chegada de uma grande marca europeia no mesmo shopping, em um espaço maior que proporciona maior conforto às clientes. Por esse motivo, as sócias estão pensando em abrir um novo espaço no mesmo shopping.

Proposta de exercício

Explique como é possível adequar a nova loja Dona Flor para proporcionar maior conforto às clientes. Liste os fatores que devem ser analisados para a abertura de uma nova loja.

Síntese

Neste capítulo, explicamos que o "P" do composto de marketing referente a *praça* está relacionado às diversas formas de distribuir os produtos no mercado – varejo, atacado, representante comercial, *e-commerce* etc. O fabricante pode optar por um ou vários meios de distribuição, dependendo do posicionamento da empresa no mercado.

O canal de distribuição, sob a ótica do marketing, é um processo em constante monitoramento. Como a escolha do canal é estratégica e normalmente não se troca de parceiros rapidamente, deve ser encarada como de longo prazo.

É papel dos canais de marketing atuar no fracionamento do produto, na conveniência espacial no tempo de espera ou de entrega, na variedade, bem como no atendimento aos clientes e no fornecimento de informações (mediação entre a empresa e o consumidor).

Nos canais verticais de marketing, os produtos vão se movimentando ao longo do canal de distribuição, até chegar ao consumidor final. No caso de a estratégia ser de distribuição indireta, ou seja, utilizando o varejo ou o atacado para distribuir o produto. Outra opção é o varejo com loja.

Atualmente, o varejo explora os cinco sentidos para que as percepções influenciem na hora da compra. A combinação dos elementos sensoriais estimula o consumidor a permanecer mais tempo na loja e assim ficar mais propenso a gastar.

O varejo desempenha papel fundamental ao oferecer conveniência de tempo e lugar para a aquisição de produtos, porém, é mais que isso, o varejista cada vez mais assume papel proativo na identificação das necessidades do consumidor e na definição do que será produzido para atender às expectativas do mercado.

Questões para revisão

1   (Enade – 2015 – Tecnologia em Gestão Comercial) Os números do *franchising* no Brasil indicam que o segmento está em crescimento exponencial. Segundo a Associação Brasileira de Franchising (ABF), havia no País, em 2003, apenas 678 empresas franqueadoras. Uma década depois, chegamos a impressionantes 2.700 organizações que seguem esse modelo de negócio. No que diz respeito ao faturamento, a mesma pesquisa mostra que a receita das redes saltou de R$ 29 bilhões para R$ 115 bilhões.

   Disponível em: <https://endeavor.org.br/>. Acesso em: 2 ago. 2015 (adaptado).

   Considerando o contexto das franquias, avalie as alternativas a seguir:
   I   Uma franquia é um sistema de negócio em que o franqueador cede o direito da utilização da marca e da distribuição exclusiva de seus produtos e serviços ao franqueado, no padrão de gestão do franqueador.

II Contextos e formatos de franquia e filial são similares, pois ambas recebem recursos financeiros da matriz, o que lhes assegura autonomia mínima.

III A franqueadora deve conhecer de modo preciso o perfil a ser exigido dos candidatos, para que alcancem sucesso na gestão da franquia.

IV A padronização nos processos internos, na qualidade de atendimento e nas estratégias de apresentação do produto pode ser prejudicial ao sucesso do franqueador.

É correto apenas o que se afirma em:
a   I e III.
b   I e IV.
c   II e III.
d   I, II e IV.
e   II, III e IV.

2   Os canais de distribuição devem acompanhar a estratégia de posicionamento da organização. Portanto, se uma empresa se posiciona no mercado com liderança em custo, qual estratégia de distribuição deve adotar?
a   Exclusividade.
b   Seletiva.
c   Foco.
d   Intensiva.
e   Restritiva.

3. (Enade – 2015) Com relação à parceria formada entre o Marketing e a Logística, avalie as asserções a seguir e a relação proposta entre elas.

   I. O Marketing e a Logística formam um elo importante para a relação entre as empresas e os clientes e promovem o aumento da satisfação dos clientes em relação aos produtos e serviços.

   Porque

   II. Um bom serviço logístico é imprescindível à fidelização e à satisfação dos clientes.

   Acerca dessas asserções, assinale a opção correta:
   a. As asserções I e II são proposições verdadeiras e a II é uma justificativa correta da I.
   b. As asserções I e II são proposições verdadeiras, mas a II não é uma justificativa correta da I.
   c. A asserção I é uma proposição verdadeira e a II é uma proposição falsa.
   d. A asserção I é uma proposição falsa e a II é uma proposição verdadeira.
   e. As asserções I e II são proposições falsas.

4. Uma empresa que comercializa produtos alimentícios voltados às classes A e B, como vinhos franceses, pretende atender o mercado da região Nordeste. Qual estratégia de distribuição seria a mais adequada?

5. Produtos de compra comparada, como eletroeletrônicos, eletrodomésticos e roupas são encontrados em locais de vendas considerados seletivos. Explique o motivo para a escolha desse tipo de canal de distribuição.

Questão para reflexão

1. Quais as razões para escolher determinado supermercado, loja de roupas ou escola infantil? Explique de que modo esses locais agregam valor ao consumidor.

Para saber mais

Você já ouviu falar em Logística 4.0?

Amazon, AES Tietê, Eldorado, DHL, Domino's e Google investem bastante no uso de drones em suas atividades. Qual é a relação entre os drones e a logística e qual é o futuro reservado a esses robôs voadores?

Se der certo o que a Amazon planeja com os drones, o mundo vai se transformar. Saiba mais em:

DORIA, P. Céus cravejados de drones. Estadão, São Paulo, 11 ago. 2017. Disponível em: <http://link.estadao.com.br/noticias/geral,ceus-cravejados-de-drones,70001932168>. Acesso em: 3 ago. 2018.

Conteúdos do capítulo:
— Composto de comunicação.
— Comunicação integrada.
— Ruídos na comunicação.

Após o estudo deste capítulo, você será capaz de:
1. delimitar o "P" referente a promoção e o composto promocional;
2. integrar ferramentas do composto de promoção;
3. identificar como a estratégia de comunicação pode evitar ruídos na comunicação de produtos e serviços.

5
Comunicação de marketing: "P" de *promoção*_

5.1
Composto de promoção

As empresas precisam fazer mais do que criar valor para o consumidor, precisam comunicar esse valor de maneira clara e persuasiva. A promoção não é uma ferramenta única, é um composto de várias ferramentas, segundo Kotler e Armstrong (2014). Quando o tema é promoção, logo vêm à mente campanhas promocionais, com descontos e brindes, mas neste capítulo abordaremos o composto promocional relativo à **comunicação**. Para que o gestor possa definir o composto de promoção, terá de responder às seguintes perguntas: O que queremos comunicar? Preço mais baixo, melhor relação custo-benefício, maior valor agregado, qual é a proposta de valor a ser comunicada? Qual será o meio de comunicação a ser utilizado para atingir o público-alvo?

O preço e a praça são definidos conforme a estratégia organizacional, e o composto promocional deve seguir a mesma estratégia definida, para que possa comunicar uma mensagem consistente e criar uma imagem forte para a marca. Para Kotler e Armstrong (2014, p. 448),

> *A criação de um bom relacionamento com o cliente exige mais do que apenas desenvolver um bom produto, atribuir-lhe um preço competitivo e colocá-lo a disposição dos consumidores-alvo. As empresas precisam comunicar sua proposta de valor, todos os esforços de comunicação devem ser planejados e combinados em programas cuidadosamente integrados. A boa comunicação é fundamental para construir relacionamentos lucrativos com o cliente.*

No composto de comunicação, o "P" referente a *promoção* é formado pela combinação de cinco ferramentas promocionais, de acordo com Kotler e Armstrong (2014):

1. **Propaganda**: Forma de divulgar o produto, o serviço ou a ideia para uma grande massa. Por meio do canal televisivo, transmite ideia de grandiosidade, de popularidade e de sucesso da empresa, além de possibilitar dramatização, com som, cores e textos ao ofertar produtos ou serviços, construindo uma imagem duradoura.

Kotler (2017, p. 143) enfatiza a humanização das marcas, já que, para acertar os anseios e os desejos dos consumidores, "os profissionais de marketing precisam desenvolver o lado humano de suas marcas, elas devem ser fisicamente atraentes, intelectualmente interessantes, socialmente envolventes e emocionalmente fascinantes, ao mesmo tempo que devem demonstrar personalidade forte e moralidade sólida".

2. **Promoção de vendas:** Realizada em curto prazo, tem a função de estimular a venda de um produto ou serviço. Enquanto a propaganda diz "compre nosso produto", a promoção diz "compre nosso produto agora", oferecendo descontos, prêmios, cuponagens, degustações, brindes, demonstrações, amostras grátis, em uma estratégia que incita e recompensa a resposta rápida do consumidor.

3. **Venda pessoal:** É o esforço da equipe de vendas para apresentar o produto e criar relacionamento com os clientes. Há uma interação pessoal que permite aos atores observar as necessidades e as características do outro e fazer ajustes rápidos. É uma ferramenta cara de promoção, pois exige profissionais qualificados e especialistas no setor.

4. **Relações públicas:** É o profissional que implanta ações visando à construção de uma imagem favorável da empresa para obter publicidade positiva. Ele é responsável por desenvolver ações que gerem **atenção, interesse, desejo e ação**(AIDA).

5. **Marketing direto:** São contatos diretos com consumidores individuais com o objetivo de obter respostas imediatas e cultivar relacionamentos duradouros.

A comunicação é direcionada para um segmento específico e pode ser personalizada para atender a cada um no segmento-alvo. O marketing direto é interativo porque existe uma comunicação entre o anunciante e o potencial cliente, e não é apenas uma mala direta, porque envolve uma ou mais mídias: um exemplo é a mala direta acompanhada de uma chamada por telefone.

Para implantar as ferramentas de comunicação, o profissional de marketing deve definir com clareza quem é o público-alvo, conhecer suas preferências, seus hábitos de consumo e de lazer e seu estilo de vida. Após obter esse detalhamento, tem de delinear o composto promocional de forma integrada, conhecido como *comunicação integrada de marketing*. Afora dos canais tradicionais de comunicação, atualmente as empresas estão investindo no **marketing digital**, que, além de mais barato que as mídias tradicionais, atinge uma grande quantidade de pessoas em menor período de tempo.

5.2 Integração do composto de comunicação

É de acordo com o orçamento para promoção que se define o composto promocional, pois cada uma das ferramentas utilizadas tem de passar a mesma mensagem, independentemente de onde o consumidor esteja. A imagem e o posicionamento da marca têm de ser necessariamente os mesmos, então todas as áreas funcionais da empresa devem participar das ações que serão desenvolvidas para informar ao público-alvo que o produto certo está disponível com o preço certo e na praça certa. Isso significa que o composto de promoção precisa acompanhar as estratégias de produto, de preço e de praça.

Os objetivos da promoção são vender para obter lucro, informar o consumidor sobre o produto, fazê-lo se lembrar dele e também persuadi-lo. Segundo as etapas pelas quais os consumidores passam até a efetivação da compra, as estratégias de comunicação devem ser direcionadas. Se a empresa pretende divulgar um lançamento no mercado, a ferramenta que trará maiores resultados será a propaganda, como afirmamos anteriormente, pois atinge um grande número de pessoas em um curto período de tempo, possibilitando assim a consciência do novo produto.

A partir do momento que as pessoas têm consciência desse lançamento, o próximo passo é fazer que compreendam os benefícios do produto e sua utilidade. A assessoria de imprensa, por meio de reportagens, eventos em feiras, entrevistas em *sites* especializados, juntamente com a propaganda, deve conscientizar o público-alvo. Depois disso, é preciso que o consumidor tenha convicção de que aquele novo produto de fato apresenta os benefícios propagados; nessa fase, a venda pessoal é a ferramenta indicada, pois pode mostrar os detalhes e provar seus benefícios para o consumidor efetivar a compra. A recompra geralmente é realizada mais rapidamente quando há promoção de vendas, como brindes, cuponagens, prêmios, descontos.

Gráfico 5.1 – Estágios de decisão de compra

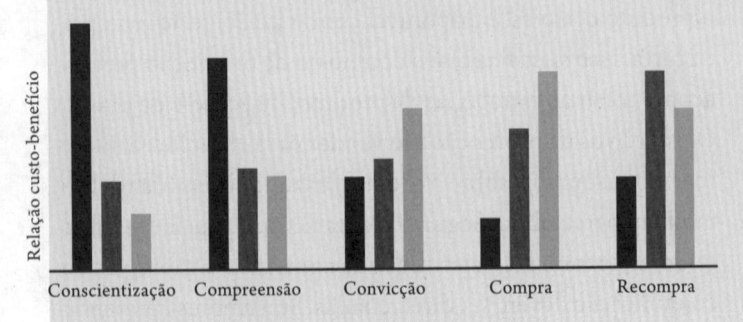

▬ Propaganda e assessoria de imprensa
▬ Promoção de vendas
▬ Vendas pessoais

Fonte: Blessa, 2013.

A venda pessoal envolve o relacionamento direto entre vendedor e cliente, de forma imediata e interativa, viabilizando uma relação duradoura. Pesquisas indicam que cerca de 70% das compras são decididas no ponto de venda (Blessa, 2013). Então você pode estar se perguntando: "A publicidade é diferente da propaganda?". Sim, pois publicidade é o ato de divulgar um produto ou serviço de forma espontânea, tornar público (Kotler, 2005).

Antes da Revolução Industrial, alfaiates e artesãos produziam sob encomenda; depois, as grandes empresas padronizaram produtos para customizar. O marketing de hoje deixa de lado as massas e atende às necessidades individuais de cada cliente: "A customização em massa surge nos anos 1990, por meio de Joseph Pine que a define como sendo a 'criação de variedade e personalização através da flexibilidade e rápidas respostas' a fim de que 'quase todos encontrem exatamente o que eles querem' a preços próximos àqueles dos produtos de massa" (Santos; Silveira, 2011, p. 417).

Essa é uma grande dificuldade para os gestores. A propaganda, a promoção, a exposição dos produtos no ponto de venda e a força de vendas da empresa são os principais aspectos de comercialização dos produtos no varejo. No entanto, atualmente as empresas têm de lidar com o comportamento do consumidor como se fosse um quebra-cabeça. A família tradicional, cujo provedor é o pai, a mãe como dona de casa e os filhos sentados ao redor da mesa para as refeições ou para assistirem aos programas de TV está em extinção. Agora todos trabalham fora, cada filho tem uma televisão em seu quarto. Para o profissional de marketing, pensar em uma estratégia de comunicação integrada é um enorme desafio.

5.3 Comunicação Integrada de Marketing (CIM)

De acordo com Dias et al. (2003), Comunicação Integrada de Marketing (CIM) abrange o conjunto de ações integradas de comunicação e de promoção e tem como objetivo fixar o produto na mente do consumidor e criar uma mensagem única, consistente, compreensível e crível sobre o produto. Com base no conceito de CIM, "a empresa deve coordenar com cuidado essas ferramentas de promoção, para transmitir uma mensagem clara, consistente e convincente sobre a organização e seus produtos" (Kotler; Armstrong, 2014, p. 446).

Para criar uma imagem única na mente dos consumidores, as empresas precisam comunicar seus produtos ou serviços de modo a construir uma marca diferenciada e sustentável. Para isso, elas divulgarão os benefícios e os atributos do produto, os serviços a ele agregados, o melhor preço conforme a relação custo-benefício e o local ou os locais em que estará disponível.

Entender o consumidor na era digital não é fácil, pois a utilização e a propagação de novas tecnologias em todo o mundo geraram mudanças incríveis no modo como as empresas se comunicam com seus clientes, que estão mais bem informados e podem usar a internet para obter informações em tempo real. Os profissionais de marketing, em vez de promotores de marca, são contadores de história, e isso faz os consumidores se engajarem no conteúdo e o compartilharem com a comunidade da qual fazem parte pelas mídias sociais. Ao planejar a CIM, o gestor de marketing deve considerar a internet como uma ferramenta importante.

Você assiste aos comerciais na TV ou aproveita para "zapear" por outros canais nos intervalos? Ou você não assiste mais à programação da TV e prefere navegar na internet? O Brasil é o líder absoluto em mídias sociais e "85% dos internautas acessam pelo menos uma", segundo Sá, Haim e Waissman (2013, p. 26). Essa tendência leva a organizar de forma capilar os conteúdos; isso acontece até mesmo no meio jornalístico, que deixou para trás os modelos tradicionais, como o jornal impresso atualizado somente a cada 24 horas.

Estamos na época do marketing móvel, pois *smartphones* recebem códigos de barras promocionais legíveis pelos *scanners* já usados nas lojas, dando aos clientes prêmios instantâneos dirigidos a seu perfil. Lojas detectam a presença dos *smartphones* do cliente nas proximidades e disparam ofertas via SMS (Sá; Haim; Waissman, 2013). As empresas tentam mesclar os modelos tradicionais de comunicação, como a propaganda, a venda pessoal, as relações públicas, o marketing direto e o *merchandising* com o modelo da era digital, comunicando seus produtos por meio das mídias sociais e utilizando aplicativos para campanhas promocionais.

O marketing digital oferece algumas vantagens em relação ao marketing tradicional, segundo Ogden e Crescitelli (2007, p. 101), como:
— mais agilidade e menor período de tempo para fazer correções em propagandas;
— baixo custo, com o espaço de propaganda na internet sendo relativamente mais barato;
— formas múltiplas de mensuração, com flexibilidade para avaliar uma peça publicitária;
— marketing um a um, no qual os clientes podem receber tratamento diferenciado com base em suas preferências individuais;
— informações sobre os clientes à medida que utilizam a internet;
— distribuição irrestrita da informação, pois não há limitações temporais ou geográficas de acesso à internet;
— aumento do número de usuários, já que há uma migração de pessoas que anteriormente só assistiam à TV.

As empresas devem utilizar os mais diversos meios de comunicação de forma integrada para gerar uma imagem positiva para a marca, que "pode ser entendida como o conjunto de percepções, crenças, ideias e associações cognitivas ou afetivas que uma pessoa tem sobre o produto" (Dias et al., 2003, p. 273). E as ferramentas utilizadas para isso são propaganda, promoção de vendas, venda pessoal, marketing direto, relações públicas, publicidade, assessoria de imprensa, promoção de eventos, comunicação no ponto de venda, atendimento ao cliente, comunicação pela internet e embalagem.

5.4 Processo de comunicação

O processo de comunicação é iniciado com um emissor que quer transmitir uma mensagem por meio de determinada mídia direcionada a um receptor que terá de decodificar a mensagem e dar (ou não) um *feedback* ao transmissor. As empresas devem atentar para evitar ruídos no processo de comunicação (Dias et al., 2003).

Figura 5.1 – Processo de comunicação

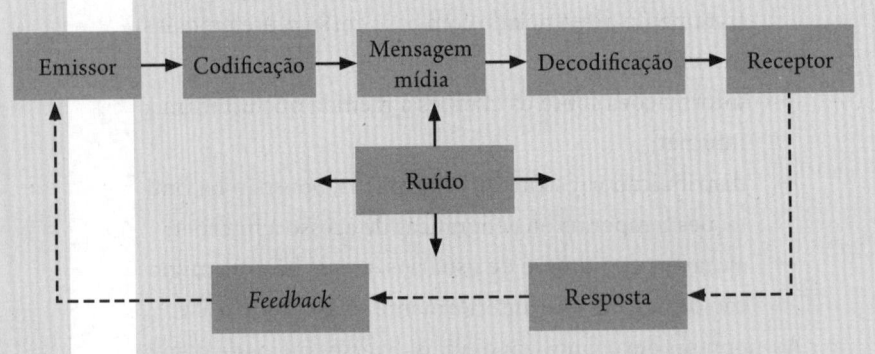

Emissor → Codificação → Mensagem mídia → Decodificação → Receptor

Ruído

Feedback ← Resposta

Fonte: Kotler, 1998.

Conforme observamos na Figura 5.1, processo de comunicação é então composto por: emissor da mensagem (a empresa que pretende transmitir uma imagem da marca para os consumidores), mensagem (atributos do produto e benefícios que ele proporcionará aos consumidores), receptor da mensagem (o público-alvo que a empresa pretende atingir) e ruído (fazem com que o receptor não entenda o que o transmissor quer passar).

Uma empresa que fabrica roupas infantis para a classe C tem sua comunicação integrada voltada para o público-alvo. As propagandas são veiculadas em canais de televisão e no rádio nos intervalos de programas específicos, o *site* da loja tem promoções e o próprio ponto de venda é planejado com vitrines e *layout* especial. Todos esses canais comunicam a mesma proposta de valor. Essa estratégia serve para fixar a marca na mente dos consumidores.

A mesma estratégia se repete no caso de produtos infantis para atender à classe A. A comunicação integrada, por meio da combinação de propaganda, *layout* da loja, vendedores e propaganda nos anúncios de revistas ou nos intervalos de programas de TV e rádio são voltados para atender ao público-alvo. No caso de franquias, o franqueador deve oferecer o suporte das estratégias de comunicação.

Figura 5.2 – Comunicação por meio do ambiente no ponto de venda

zhu difeng/Shutterstock

Assim, a comunicação cria a imagem da marca ao mesmo tempo que evita os ruídos, pois o público-alvo entende a mensagem, é capaz de decodificá-la por meio dos canais aos quais tem acesso. A imagem da marca é criada ao longo do tempo, por isso a empresa precisa entregar aos consumidores o que promete, ouvindo, criando e mantendo relacionamentos duradouros; afinal, o processo de fidelização é consequência da satisfação dos consumidores.

Hoje, as empresas querem ter vínculos cada vez mais fortes com os clientes e, para isso, utilizam a ferramenta Customer Relationship Management (CRM), em português Gestão de Relacionamento com o Cliente. Trata-se da informação detalhada sobre cada cliente e todos os pontos de contato a fim de aumentar sua fidelidade, segundo Rolon, Monfort e Alves (2014). Graças ao CRM, as empresas podem oferecer um excelente atendimento ao cliente em tempo real.

Alguns fundamentos são: identificação do cliente em potencial; diferenciação dos clientes em relação ao que é bom para a empresa e suas necessidades; interação com o cliente de forma individualizada; redução do índice de perda de clientes; fidelização dos clientes; aumento da gama de produtos para satisfazer o cliente; aumento da lucratividade de clientes ou dispensa; concentração de esforços em clientes de alto valor.

Segundo Sá, Haim e Waissman (2013, p. 56), "a comunicação não pode mais ser vista como gasto, mas sim como investimento, pois ela estabelece a base de qualquer relacionamento entre emissores e receptores".

Síntese

Neste capítulo, demonstramos que, no composto de comunicação, o "P" de promoção se refere à comunicação clara, consistente e convincente do valor da marca e de seus produtos para o público-alvo. O marketing de conteúdo visa selecionar, distribuir e ampliar conteúdo que seja interessante, relevante e útil para um público claramente definido, com o objetivo de gerar conexões mais profundas entre marcas e consumidores.

Utilizando as mídias tradicionais, como propagandas, marketing direto, promoção, assessoria de imprensa, *merchandising* e relações públicas ou por meio das mídias sociais, como Facebook, Twitter e *blogs*, o transmissor deve enviar a mensagem ou iniciar uma conversa de modo que o receptor seja capaz de decodificar para que haja interação. A empresa deve ficar atenta aos possíveis ruídos no processo de comunicação e mensurar o retorno da campanha para que ajustes sejam realizados.

Questões para revisão

1. Imagine que você é gestor de uma empresa do setor de produtos eletrônicos e necessita fazer um planejamento de marketing. Para a realização dessa tarefa, terá que elaborar a estratégia do composto promocional, também chamado de *composto de comunicação de marketing*, cujos elementos-chaves são propaganda, marketing direto, promoção de vendas, relações públicas, publicidade

e venda pessoal. Além disso, é importante que você conheça o processo de comunicação do composto promocional. Assinale a alternativa que expressa corretamente as premissas de um processo de comunicação.

a A interação entre o cliente e o vendedor é um canal que busca interferir diretamente na decisão dos compradores potenciais e é denominada *força de vendas da empresa*.

b A propaganda é uma forma de comunicação que tem como objetivo tornar a empresa e os produtos mais conhecidos. A intenção não é estimular a venda do produto, mas o posicionamento da empresa perante consumidores potenciais.

c A promoção de vendas é uma forma de aumentar as vendas, buscando um novo posicionamento na mente dos consumidores e estimulando vendas em médio e longo prazos.

d As mídias que divulgam informações de uma empresa ou de um produto em um contexto de publicidade buscam intervir nas crenças dos clientes potenciais ou informá-los, constituindo a atividade conhecida como *marketing direto*.

e Os conteúdos da comunicação integrada – de produtos tangíveis, de conveniência ou de escolha – devem refletir uma realidade consistente com os produtos anunciados, sem omissão ou distorção de informação.

2 O processo de comunicação envolve elementos essenciais, como emissor, receptor, mensagem, canal e código. Acerca das barreiras que dificultam a comunicação, avalie as afirmações a seguir:

I   As barreiras à comunicação são variáveis que interferem na interpretação ou na transmissão adequada das ideias entre indivíduos ou grupos.

II O emprego de palavras ambíguas e a distância entre o emissor e o receptor se configuram como barreiras externas à comunicação.

III O uso de línguas diferentes pelo emissor e pelo receptor e a iluminação do espaço em que eles se comunicam são barreiras internas à comunicação.

É correto o que se afirma em:
a   I, apenas.
b   III, apenas.
c   I e II, apenas.
d   I e III, apenas.
e   I, II e III.

3 De acordo com o processo de Comunicação Integrada de Marketing (CIM), todos os meios utilizados devem reforçar o posicionamento da empresa no mercado. Assinale a alternativa que apresenta, respectivamente, dois meios tradicionais utilizados no CIM e um meio digital:
a   Marketing direto, propaganda e mala direta.
b   Propaganda, marketing direto e relações públicas.

- c   Relações públicas, publicidade e sistemas de informação de marketing.
- d   Sistemas de informação de marketing, mala direta e publicidade.
- e   Venda pessoal, *merchandising* e Facebook.

4   Cite os quatro elementos principais do processo de comunicação de marketing.

5   Uma empresa que utiliza o marketing sensorial para comunicar seu posicionamento no mercado desenvolve estratégias no ponto de venda trabalhando os cinco sentidos. Supondo que você seja contratado como gerente de marketing de uma loja de roupas femininas de luxo, quais estratégias do marketing sensorial adotaria? Cite ao menos três possibilidades.

Questões para reflexão

1   Como os aplicativos podem ser utilizados para comunicar a imagem da marca?

2   Um aplicativo desenvolvido para comunicar aos clientes que uma fornada de pães de queijo quentinhos o espera na padaria, por exemplo, contribui para comunicar a imagem ou é uma ferramenta que aumenta as vendas esporadicamente? Se você acha que é a última opção, como poderia ser utilizado para desenvolver e comunicar a imagem da marca?

Para saber mais

Você sabia que utilizando-se aromas e música direcionada ao perfil de segmentos específicos as vendas aumentam e comunicam uma imagem única para a marca? Leia um artigo interessante ssbre esse tema em:

RIBEIRO, F. A. P. Os aromas da moda: investigando o uso do marketing sensorial olfativo no varejo de vestuário de Belo Horizonte. Estudo & Debate, Lajeado, v. 21, n. 1, p. 217-238, 2014. Disponível em: <https://pesquisas.face.ufmg.br/wp-content/uploads/sites/10/2015/11/Arquivo-5.pdf>. Acesso em: 9 ago. 2018.

Conteúdos do capítulo:
- Características de serviços.
- Desenvolvimento de plano de marketing.

Após o estudo deste capítulo, você será capaz de:
1. distinguir as características de serviços;
2. listar os principais conceitos de um plano de marketing;
3. explicar a lógica de análise dos ambientes externo e interno para desenvolver estratégias assertivas;
4. avaliar as diferentes estratégias de portfólio da empresa por meio de ferramentas utilizadas no marketing estratégico;
5. desenvolver um plano de marketing.

6
Desenvolvimento de plano de marketing_

Plano de marketing, segundo Kotler e Keller (2006, p. 59), "é um documento escrito que resume o que o profissional de marketing sabe sobre o mercado e que indica como a empresa planeja alcançar seus objetivos". É um instrumento que transcreve todas as análises dos ambientes micro e macro-organizacionais, deixando clara a definição do público-alvo, o posicionamento de mercado, as propriedades e as definições da marca, os objetivos e as metas da empresa e as estratégias de marketing.

6.1
Elementos estruturais de plano de marketing

Segundo Gomes (2005, p. 10), "o plano de marketing é uma ferramenta de gestão que deve ser regularmente utilizada e atualizada, pois permite analisar o mercado, adaptando-se a suas constantes mudanças e identificando tendências". Para Kotler (2005),

> O plano de marketing é o instrumento central para dirigir e coordenar o esforço de marketing. A utilização do plano de marketing torna a empresa menos vulnerável às crises, pois estas podem ser previstas com antecedência. Também é possível superar os concorrentes planejando cuidadosamente produtos e serviços mais adequados aos desejos e necessidades dos clientes, o que reduz os problemas da comercialização. O plano conduz, informa e determina o rumo a seguir. Soluções para problemas como falta de capital, falta de clientes e poucas vendas também podem surgir de um plano coerente e consistente.

O plano de marketing ajuda a definir os resultados a serem alcançados e formular ações para atingir competitividade. Conhecendo o mercado, a organização é capaz de traçar o perfil de seu consumidor, tomar decisões com relação a objetivos e metas, desenvolver ações de divulgação e comunicação, definir preço, distribuição, localização do ponto de venda, produtos e serviços adequados a seu mercado, ações

6 Desenvolvimento de plano de marketing

necessárias para a satisfação de seus clientes e o sucesso de seu negócio (Gomes, 2005).

Gomes (2005) define três etapas para o desenvolvimento do plano de marketing (Figura 6.1): planejamento, implementação, e avaliação e controle. A primeira é composta por sete subcategorias, conforme demonstra a Figura 6.1.

Figura 6.1 – Plano de marketing

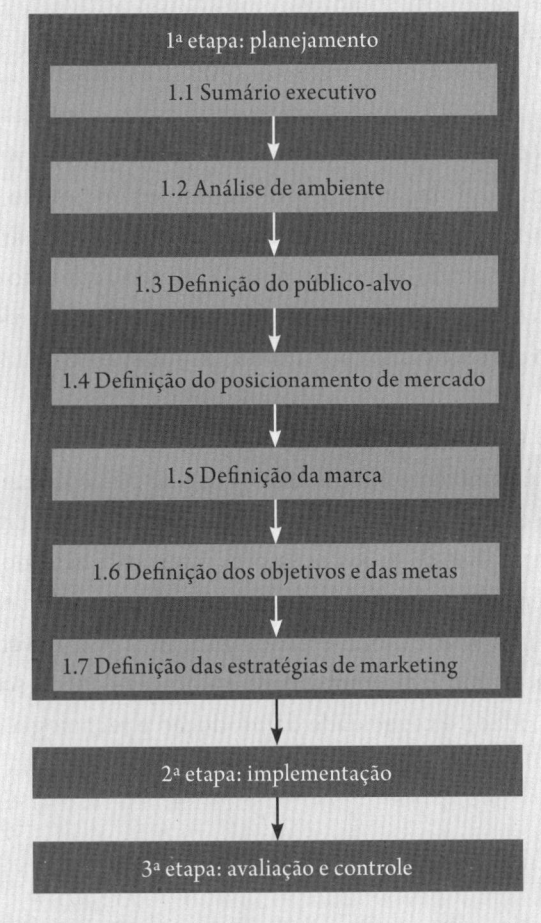

- 1ª etapa: planejamento
  - 1.1 Sumário executivo
  - 1.2 Análise de ambiente
  - 1.3 Definição do público-alvo
  - 1.4 Definição do posicionamento de mercado
  - 1.5 Definição da marca
  - 1.6 Definição dos objetivos e das metas
  - 1.7 Definição das estratégias de marketing
- 2ª etapa: implementação
- 3ª etapa: avaliação e controle

Fonte: Gomes, 2005, p. 12.

6.1.1 Planejamento

O planejamento deve definir onde a empresa está e aonde quer chegar. É a fase em que se analisa o mercado de atuação, definem-se o público-alvo e as metas e se traçam as ações para o alcance dos objetivos.

6.1.1.1 Sumário executivo

O sumário executivo, para Gomes (2005), é o resumo do plano de marketing. Nele devem constar as características principais do negócio, incluindo situação presente, objetivos e estratégias a alcançar, principais definições do projeto e esforços necessários. A ideia geral do negócio deve ser clara para orientar quando necessário, pois, "Tratando-se de todo o resumo da construção do Plano de Marketing, o seu Sumário Executivo deve ser escrito por último" (Gomes, 2005, p. 13).

6.1.1.2 Análise de ambiente

A análise de ambiente é o primeiro passo do plano de marketing e resume todas as informações pertinentes à empresa. É a análise de todos os fatores internos e externos que influenciam a empresa, como os de ordem econômica, sociocultural, política, legal e tecnológica, além de variáveis como concorrência, disponibilidade e alocação de recursos humanos, idade e capacidade de produção e tecnologia e disponibilidade de recursos financeiros.

6 Desenvolvimento de plano de marketing

Análise da situação atual
A análise da situação atual tem como objetivo avaliar os recursos do mercado e os disponíveis internamente na empresa: financeiros, humanos e materiais. Divide-se, então, em duas partes: análise do ambiente externo e análise do ambiente interno.

Análise do ambiente externo
Segundo Maximiano (2002), a análise do ambiente externo é fundamental para a elaboração do planejamento estratégico, porque dá suporte para a tomada de decisão assertiva no que respeita ao desenvolvimento desse plano. Segundo o autor, essa análise deve incluir todos os fatores relevantes que podem exercer pressão direta ou indireta sobre o negócio. Quanto mais competitivo, instável e complexo é o ambiente externo, maior é a necessidade de analisá-lo.

O ambiente externo que envolve a empresa pode influenciar de maneira positiva ou negativa e é composto de concorrentes, consumidores, fatores políticos, econômicos, sociais, culturais, legais, tecnológicos. Quando analisamos esses fatores, estamos analisando as ameaças e as oportunidades do negócio.

Figura 6.2 – Análise do ambiente interno e do ambiente externo

- Ambiente econômico
- Ambiente político e legal
- Ambiente competitivo
- Estratégia de marketing ↔ Comportamento e valor para o cliente
- Ambiente tecnológico
- Ambiente social
- Ambiente natural

Fonte: Churchill Junior; Peter, 2000, p. 27.

a. Ambiente econômico

Aprender sobre o **ambiente econômico** ajuda a determinar se os clientes estarão dispostos a gastar dinheiro com produtos e serviços. Os padrões de gastos estão vinculados ao **ciclo de negócios**, que é definido como o padrão do **nível de atividade econômica**, dividido em etapas de **prosperidade, recessão** e **recuperação**. É constituído por fatores que afetam o poder de compra e os padrões de gasto do consumidor.

Os fatores econômicos são "aspectos econômicos como inflação, distribuição de renda e taxas de juros influenciam na abertura do seu negócio e sua sobrevivência" Gomes (2005, p. 17). O executivo deve estar sempre atento à mídia jornalística para se manter informado acerca das oscilações da economia.

b **Ambiente político e legal**

Uma **organização** deve servir a seus clientes e atender às demandas governamentais, assim como a **grupos de interesse** especiais, como a sindicatos e a outros grupos de representação. As leis e a regulamentação podem influenciar diversos aspectos de uma empresa, entre eles: embalagem, **política de preços**, divulgação, relações trabalhistas. Essas limitações legais devem ser vistas não como obstáculos, mas como uma fonte de oportunidades, já que cumprir as leis ajuda a evitar multas e processos e promove uma relação de confiança com os clientes.

Fatores políticos e legais "dizem respeito à observância das leis, inclusive as que regem o setor em que atua, como impostos, Código de Defesa do Consumidor, Código Civil, entre outros" (Gomes, 2005, p. 17).

c **Ambiente competitivo**

O conjunto de organizações que podem criar valor para o mercado compõe o ambiente competitivo. A análise desse ambiente tem como objetivo ajudar as empresas a serem mais competitivas em relação às demais. As organizações fazem isso entregando um valor maior, seja baixando os custos de compra e uso, seja oferecendo maiores benefícios.

É importante analisar a concorrência e prever suas ações. Uma dica é o executivo ir até os concorrentes ou conversar com os clientes, procurando analisar preços, formas de pagamento, ações de divulgação e promoção, distribuição, atendimento, variedade de produtos e serviços, localização, aparência, marca.

d **Ambiente tecnológico**

O conhecimento científico, a pesquisa, as invenções e as inovações que resultam em bens e serviços novos ou aperfeiçoados constituem o **ambiente tecnológico**. As organizações devem utilizar a tecnologia como forma de criar valor para seus clientes.

É preciso se adaptar às novas tecnologias, pois elas podem afetar o negócio. Jornais, revistas, internet, fornecedores e concorrentes são fontes de informações importantes e o executivo não deve se esquecer de recorrer à mídia para se atualizar.

e **Ambiente natural**

O **ambiente natural** envolve os **recursos naturais** disponíveis para a organização. A capacidade de oferecer bens e serviços pode ser influenciada, por exemplo, pelo clima da região onde se encontra a indústria ou da cidade onde se encontra o comércio. Ao utilizar recursos naturais para comercializar seus produtos, a organização também influencia o ambiente.

Em alguns casos, a empresa pode influenciar a **disponibilidade de recursos em longo prazo**, por exemplo, uma madeireira deve investir em reflorestamento, fazendo que os recursos por ela utilizados não influenciem na extinção das florestas naturais.

Essa **consciência ambiental** pode beneficiar uma organização de várias maneiras: por ser simpático aos valores de várias pessoas e porque alguns consumidores se sentem melhor comprando um produto "ecologicamente correto".

f Ambiente social

A empresa deve estar atenta aos processos e às mudanças sociais, analisando valores, crenças e comportamentos da sociedade. Os fatores sociais estão relacionados às características gerais da população, como tamanho, concentração, grau de escolaridade, sexo, profissão, estado civil, composição familiar, distribuição geográfica, comportamento e necessidades dos consumidores e da comunidade na qual estão inseridos.

Esses dados podem ser obtidos em jornais, revistas, instituições de classe, órgãos do governo e até mesmo com fornecedores, concorrentes e clientes. Segundo Maximiano (2002), a identificação de pontos fortes e fracos na organização, deve ser realizada ao mesmo tempo em que se analisa o ambiente social.

Análise do ambiente interno

O ambiente interno da empresa deve ser levado em consideração na análise, pois envolve aspectos fundamentais sobre seu bom ou seu mau funcionamento, como equipamentos disponíveis, tecnologia, recursos financeiros e humanos utilizados e valores e objetivos que norteiam suas ações. A partir daí, consegue-se ter uma visão maior das forças e das fraquezas que também poderão afetar positiva ou negativamente o desempenho da empresa, segundo Gomes (2005).

Os estudos dos pontos fortes e dos pontos fracos da organização são realizados por meio da análise das áreas funcionais (produção, marketing, recursos humanos e finanças) e da comparação do desempenho dessas áreas com empresas de destaque (prática conhecida como *benchmarking*). O *benchmarking* é a técnica com a qual a empresa compara seu desempenho com o de outra e pode observar em outras companhias as melhores práticas para cada uma das áreas funcionais, adaptando suas tarefas e seus procedimentos de acordo com a conduta dessas organizações.

Os fatores internos analisam de modo crítico o ambiente interno atual e futuro da empresa no que toca a seus objetivos: disponibilidade e alocação de recursos humanos; idade e capacidade de equipamentos e de tecnologia, disponibilidade de recursos financeiros; cultura e estrutura organizacional existentes *versus* desejadas (Gomes, 2005). Assim, o microambiente de marketing é constituído pelos agentes que estão muito próximos à empresa, como fornecedores, distribuidores, clientes, concorrentes e público em geral, que podem afetar sua capacidade de atender a seus clientes, segundo Kotler e Armstrong (2015).

6 Desenvolvimento de plano de marketing

Levantamento de informações

Fazer o levantamento das informações de forma correta é a chave para realizar uma boa análise dos fatores que influenciam a eficácia de um plano de marketing. Para desempenhar uma análise completa do ambiente, é necessário investir tempo em pesquisa a fim de se levantar dados que sejam pertinentes ao desenvolvimento do plano tanto no ambiente interno quanto no ambiente externo, segundo Gomes (2005). Segundo Kotler e Armstrong (2015), o microambiente está relacionado aos atores próximos da organização que influenciam a capacidade de atender aos clientes, ou seja, a própria organização faz parte do microambiente, além dos fornecedores e dos concorrentes. Já o macroambiente é composto por elementos mais amplos e distantes da organização e que afetam o microambiente, como a cultura, a política, a natureza, a tecnologia e a economia.

6.1.1.3 Definição do público-alvo

Definir o público-alvo da empresa, para Gomes (2005, p. 25),

> significa identificar um segmento particular ou segmentos da população que a empresa deseja servir. O mercado consiste em muitos tipos de clientes, produtos e necessidades. É preciso determinar quais segmentos oferecem as melhores oportunidades para o negócio. Os consumidores podem ser agrupados de acordo com vários fatores, é necessário

identificar um segmento particular ou segmentos da população que a empresa deseja atender. Isso, levando em consideração os aspectos geográficos, demográficos, psicográficos e comportamentais.

Analisemos, então, cada uma das características de segmentação de mercado, segundo Gomes (2005).

Dados demográficos

Dados demográficos são os dados relacionados à população. No caso de pessoas físicas, incluem: idade, sexo, profissão e educação. Para as pessoas jurídicas, referem-se a: ramos de atividade, serviços e produtos oferecidos, número de empregados, filiais, tempo de atuação no mercado, localização, imagem no mercado.

Dados psicográficos estão relacionados ao estilo de vida e às atitudes das pessoas. **Dados comportamentais** são hábitos de consumo, benefícios procurados, frequência de compra de um tipo de produto, lugar em que se costuma comprar o produto, ocasiões de compra e seus principais estímulos, como preço (nível de sensibilidade a preço ou o quanto o cliente está disposto a pagar), qualidade do produto, tempo de entrega, serviços de atendimento, marca, localização, estrutura, variedade, lançamentos, *status*, segurança.

O processo de classificação de acordo com esses fatores chama-se **segmentação**.

Definição de segmentação de mercado

Segmentação de mercado "é o processo de dividir mercados em grupos de consumidores potenciais com necessidades e/ou características semelhantes e que provavelmente terão comportamentos de compra semelhantes" (Kotler, 2005, p. 85). É o trabalho de identificar, agrupar e localizar os consumidores-alvo.

Princípios da segmentação de mercado

De acordo com Churchill Junior e Peter (2000), os consumidores não são todos iguais e suas preferências também não o são. Uma empresa não consegue satisfazer todos os consumidores de um mesmo mercado, pelo menos não da mesma maneira. Então, segmentar o mercado torna mais fácil entender e satisfazer suas necessidades e seus desejos.

O benefício que o consumidor espera (necessidades/desejos), o acesso ao produto (distribuição/localização) e a possibilidade de adquiri-lo (renda compatível) são fatores que devem ser levados em conta. O trabalho de segmentação pode ser feito para bens de consumo, industriais ou de serviços para empresas públicas ou privadas.

Com base na segmentação de mercado, a empresa desenvolve o *marketing mix* dos produtos de acordo com os segmentos que atingirá. Assim, produto, preço, praça e promoção serão trabalhados para cada segmento. Por exemplo, xampus de uma mesma marca-mãe, como Unilever, atingem diversos segmentos com o objetivo de atender às mais diversas necessidades e desejos dos públicos-alvo. Diante da concorrência, muitas empresas tendem a se especializar ou cobrir diversos segmentos; nesse caso, exige-se um grande investimento.

O cadastro de clientes (banco de dados) permite conhecer melhor os clientes e viabiliza ações cada vez mais segmentadas para um mesmo público ou para públicos distintos.

6.1.1.4 Definição do posicionamento de mercado

Segundo Kotler (1998), posicionar é desenvolver a oferta e a imagem da empresa de maneira que ocupem uma posição competitiva distinta e significativa na mente dos consumidores-alvo.

Posicionamento

Posicionar um produto significa fazê-lo ocupar um lugar claro, distinto e desejável na mente dos consumidores-alvo perante os produtos concorrentes.

A definição de qual imagem a empresa deseja transmitir a seus clientes e ao mercado no que se refere ao negócio deve ser clara, distinta e bem definida em relação aos concorrentes, garantindo larga vantagem sobre eles.

6.1.1.5 Definição da marca

Marca, de acordo com Gomes (2005, p. 34), "é a identidade da empresa, ou seja, a forma como ela será conhecida, portanto, deve traduzir a imagem que se deseja passar para o mercado, no caso, o posicionamento da empresa". Geralmente, a logomarca é formada por um nome e um símbolo escolhido ou concebido após estudos mercadológicos. Pesquisas de mercado e de público-alvo são fontes de criação, permitem que empresas e produtos ganhem uma identidade e acabam sendo a tradução de sua imagem.

Muitas companhias também optam por um *slogan*, uma frase que ressalta o posicionamento e ajuda a transmitir a imagem para os consumidores. O *slogan* deve ser curto, de fácil memorização e pode ser modificado, mas não com frequência, sempre seguindo fielmente o posicionamento da empresa.

> A marca deve assegurar a integridade e a confiabilidade conquistadas ao longo dos anos: uma estratégia de marketing pode ser totalmente em vão e custar muito caro, caso não tenha registrado a marca e tenha que mudá-la por já ter uma outra empresa de mesmo nome.
>
> Por isso, ao criar a marca, é importante que se faça a pesquisa e o registro da mesma no INPI – Instituto Nacional de Propriedade Industrial: www.inpi.gov.br. Ambos podem ser feitos diretamente no INPI ou por advogados especializados, escritórios habilitados ou por agentes de propriedade industrial. (Gomes, 2005, p. 34)

Ao elaborar a logomarca, deve-se sempre considerar o posicionamento de mercado e seu uso atemporal. A logomarca não deve ser alterada, deve perdurar para beneficiar as estratégias de consolidação de marca. O registro desse domínio pode ser realizado *on-line* nos *sites*: <www.registro.br>, <www.fapesp.org> ou outros relacionados.

> Algumas empresas, com o passar dos tempos e frente às mudanças do mercado, utilizam estratégias de revitalização da marca, investindo em design mais arrojado, de acordo com o seu mercado, sem mudar, no entanto, o conceito da mesma, o que faz

uma marca valer muito é conquistar a confiança do consumidor. Quanto mais está presente na casa e na mente do consumidor, mais ela vende e mais ela vale. (Gomes, 2005, p. 35)

A marca é a identidade da empresa, o modo como ela será ou já é conhecida, traduzindo a imagem que deseja passar para o mercado, no caso, o posicionamento da empresa.

6.1.1.6 Definição de objetivos e de metas

De acordo com Gomes (2005, p. 38), "Os objetivos e metas são os resultados que a empresa espera alcançar. Eles estão relacionados à missão da empresa e orientarão as suas ações".

Objetivos são declarações amplas e simples do que deve ser realizado pela estratégia de marketing. Já **metas** são mais específicas e essenciais para o plano.

Ainda segundo Gomes (2005), ao elaborar as metas, deve-se ser objetivo, claro e realista. Elas devem ser quantificáveis, medidas segundo volumes de vendas, quota de mercado e índices de satisfação dos clientes. Certa ambição é fundamental, mas é imprescindível ser realista: só devem ser criadas metas que possam ser alcançadas.

6.1.1.7 Definição de estratégias de marketing

A estratégia de marketing permite definir como a empresa atingirá seus objetivos e suas metas e como gerenciará seus relacionamentos com o mercado de maneira que obtenha vantagens sobre a concorrência. Consiste nas decisões necessárias para determinar o modo como o composto de marketing será ofertado, com os quatro principais elementos de marketing (produto, preço, praça, promoção) combinados (Gomes, 2005).

As estratégias de marketing devem estar alinhadas ao composto mercadológico, pois toda estratégia visa atender a um mercado formado por consumidores previamente segmentados, seja pela empresa, seja por meio das comunidades às quais pertençam, segundo Kotler (2017).

Por exemplo, se o público-alvo a ser atendido é o jovem da classe A da cidade de São Paulo, o produto deverá ser desenvolvido por meio da cocriação e provavelmente será um produto de qualidade excepcional e exclusivo, o que refletirá em um preço alto. A praça ou o local de distribuição será uma loja localizada em um bairro nobre da cidade; a promoção será exclusiva, associada a pessoas de referência e em eventos também exclusivos. Portanto, o composto mercadológico deve estar alinhado à estratégia de como a organização pretende se posicionar no mercado-alvo, para então definir a composição dos 4 Ps.

Figura 6.3 – Composto mercadológico

Mix de Marketing

Produtos	Preço	Promoção	Praça
— Variedades de produtos — Qualidade — *Design* — Características — Nome da marca — Embalagem — Tamanho — Serviços — Garantias — Devoluções	— Preço de lista — Descontos — Concessões — Prazo de pagamento — Condições de financiamento	— Promoção de venda — Publicidade — Força de vendas — Relações públicas — Marketing	— Canais — Cobertura — Variedade — Locais — Estoque — Transporte

Fonte: Churchill Junior; Peter, 2000, p. 204.

A estratégia de marketing também pressupõe que se identifiquem possíveis vantagens competitivas no produto físico (atributos, desempenho, *design*, estilo etc.), nos serviços agregados, no atendimento ao cliente e na marca ou na imagem da empresa. Nesse item do plano de marketing, o executivo definirá qual imagem do negócio deseja transmitir ao cliente. Após a realização do plano de marketing, deve ser realizada sua implementação e controle para o conhecimento de sua efetividade. Isso mostrará se as metas planejadas estão sendo alcançadas. Para isso, é necessário que o gestor desenvolva indicadores que deverão ser sistematicamente monitorados.

6.1.2
Implementação

Para Gomes (2005), a implementação trata do processo de executar as estratégias que assegurarão a realização dos objetivos de marketing. Para implementar essa estratégia de marketing é preciso traçar um plano de ação, no qual devem ser definidos: as ações (o quê), o período (quando), o método (como), o responsável (quem) e o custo estimado (quanto).

6.1.3
Avaliação e controle

A avaliação e o controle, de acordo com Gomes (2005, p. 67), "Permitem reduzir a diferença entre o desempenho esperado e o desempenho real, garantindo sua eficácia. Por isso, devem ser realizados antes, durante e após a implementação do plano".

Na etapa que precede a implementação, devem ser feitos o treinamento e a seleção de funcionários, gastos em instalações e em equipamentos necessários e alocação de recursos humanos e financeiros. Durante a implementação, devem ser realizadas as seguintes tarefas: avaliação e remuneração dos funcionários, boa comunicação interna, comprometimento da equipe. Ao final, devem ser contemplados padrões de desempenho baseados nos objetivos de marketing: vendas, lucros ou custos, número de reclamações de clientes, pesquisas antes, durante e depois de ações específicas.

Estudo de caso

Vida saudável, produtos naturais

Augusto é um jovem empreendedor, graduado em Administração e atua no mercado de produtos naturais. Iniciou seu empreendimento em uma cidade no interior do Paraná e, percebendo a tendência de consumo de produtos naturais cada vez maior e o crescimento do mercado, pretende desenvolver um novo mercado. Para isso, estuda a possibilidade de abrir uma loja no bairro Morumbi, em São Paulo (SP); negócio para o qual foi necessário encontrar um parceiro, Eduardo, um senhor com 30 anos de experiência no ramo comercial. Juntos, desenvolveram o plano de negócio e o plano de marketing da empresa VidaSaudável.

A primeira etapa foi analisar o mercado no qual pretendiam se inserir; visitaram o bairro e verificaram que a concorrência para esse tipo de produto é grande. De qualquer modo, constataram que, como o mercado está com alta taxa de crescimento, a procura é alta com tendência a crescer ainda mais. Decidiram dar continuidade ao plano e definiram o público-alvo após várias pesquisas com moradores e pessoas que frequentam o bairro para fazer compras ou para levar os filhos para escola. Chegaram à conclusão de que a maioria é composta por mulheres que frequentam academia, na faixa etária entre 18 e 40 anos de idade, da classe B.

Optaram pela estratégia de enfoque em um segmento, o de produtos naturais. Para se posicionar no mercado, formaram um amplo *mix* de produtos para atender às necessidades dos clientes, desde os que procuram por sementes de chia, linhaça, girassol, *teff*, entre outras, até óleos de coco e de chia, barras de cereal e *mix* de cereais. Para cada um dos produtos há uma profundidade, pois poderão ser vendidos por unidade ou em quantidades maiores, em caixas.

A marca continuou sendo a mesma que haviam adotado anteriormente, VidaSaudável, pois, segundo estudos que realizaram, a marca deve refletir o posicionamento da empresa no mercado. Esse é um ativo que o gestor deve priorizar, desenvolvendo estratégias para que a qualidade seja percebida. Os sócios passaram a definir as metas para os próximos anos e os indicadores que deverão ser acompanhados para possíveis ajustes na estratégia adotada.

Como último passo do processo do plano de marketing, foi necessário definir a estratégia de marketing, considerando-se os 4 Ps:
— produto: sementes de chia, sementes de linhaça, sementes de girassol, *teff*, óleo de coco, óleo de chia, barras de cereal e *mix* de cereais;
— preço: *skimming*;
— praça: bairro Morumbi, em São Paulo, e *site* com entrega em todo o Brasil;
— promoção: blogueiras que frequentam academias de ginástica, *site* da loja, Facebook, Instagram e eventos em parques localizados no Morumbi, na Cidade Jardim e na Vila Madalena, além da própria fachada da loja, que comunicará o posicionamento.

Finalizada a fase de planejamento do plano de marketing, devem passar à segunda fase (implementação) e à terceira fase (controle e objetivos e de metas).

Proposta de exercício

Com base nesse estudo de caso, desenvolva um plano de marketing para um negócio que você tenha interesse em iniciar.

Síntese

O plano de marketing é um documento que revela o entendimento do mercado acerca da empresa, faz parte do planejamento da empresa e as ações definidas no plano possibilitam atingir seus objetivos mercadológicos, concentrando esforços e tirando o melhor proveito possível das oportunidades. Portanto, segundo Las Casas (2006), um plano de marketing é a somatória do plano de vendas da empresa, do plano de propaganda que a empresa pretende realizar, do plano de novos produtos que a empresa pretende lançar e do plano de *merchandising*.

O plano de marketing é o resultado de um trabalho estratégico que busca apresentar a empresa para o mercado e atrair clientes. Por isso, deve apresentar informações como *mix* de produtos, estratégias de precificação, estratégia de localização dos pontos de vendas, logística e promoção. É primordial também apresentar detalhadamente quem é o público-alvo.

Questões para revisão

1 "Se você está iniciando um empreendimento, já deve ter ouvido por aí que, para ele deslanchar, um bom planejamento de marketing é tudo. Que é por meio do marketing que você conseguirá alcançar os objetivos traçados e as metas definidas para as vendas. Pois bem, é isso mesmo: sem um conjunto consistente de técnicas e

métodos mercadológicos, você não conseguirá ir muito longe. E agora vamos falar sobre os elementos básicos que devem compor qualquer estratégia de marketing: os 4 Ps. Trata-se de **produto, preço, praça** e **promoção**, também conhecidos como *marketing mix*. Como deve dar para supor, cada um destes 4 Ps corresponde a definições fundamentais que você deve fazer para atingir um determinado público-alvo. O pensamento não é difícil: imagine que seu negócio seja como uma receita culinária de, digamos, um bolo. Para fazê-lo, você precisará de vários ingredientes; e, se errar nas medidas, o bolo pode sair um fracasso, certo? O pensamento por trás dos 4 Ps é muito semelhante. O produto ou serviço que você vai oferecer a seus clientes pode mudar completamente dependendo de quanta atenção você dá à praça ou de quanta atenção deixa de dar ao preço, por exemplo." (Endeavor Brasil, 2015).

Com base nesse texto e no que você estudou respeito da importância do marketing e do *mix* do marketing para a criação de estratégias eficazes para a empresa, indique com V (verdadeira) ou F (falsa) se os exemplos correspondem corretamente ao que deve ser analisado em cada um dos componentes do *mix*.

( ) Produto: variedade do produto, nome de marca, características, embalagem, *design*, tamanhos, serviços, garantias, qualidade, entre outros.

( ) Preço: preços de lista, descontos, concessões, prazo de pagamento, condições de financiamento.

( ) Praça: canais, cobertura, variedades, locais, estoque, transporte.
( ) Promoção: descontos, vale-brindes e prêmios.

A sequência correta é:
a   V, V, F, V.
b   F, V, V, F.
c   F, F, V, V.
d   V, F, V, V.
e   V, F, F, F.

2   Uma empresa do segmento de alimentos para cães pretende fazer o lançamento de um novo produto voltado apenas para raças pequenas. A ideia é que o lançamento aconteça no próximo semestre, e a empresa já está elaborando as estratégias de marketing, pois sabe que para obter bons resultados com esse produto é preciso implantar e controlar as ações de marketing necessárias para o lançamento, além de desenvolver mecanismos para mensurar os resultados e corrigir possíveis problemas. O departamento de marketing da empresa apontou algumas ações necessárias para garantir o sucesso nesse lançamento.

Avalie as afirmações a seguir no que se refere às estratégias relacionadas à segmentação de mercado:

I   Mensurar a participação das raças pequenas no mercado de alimento para cães, objetivando avaliar seu tamanho para planejar o lançamento do produto.

II Avaliar o montante de investimento necessário para que o produto seja posto no mercado, considerando a produção, a distribuição e o lançamento.

III Propor ações promocionais com proprietários de cães de raças pequenas nos pontos de venda, oferecendo amostras grátis, estratégia que garante a fidelização do público por meio da empatia.

É correto o que se afirma em:
a   I, apenas.
b   II, apenas.
c   I e III, apenas.
d   II e III, apenas.
e   I, II e III.

3 A estratégia de marketing permite definir como uma empresa atingirá seus objetivos e suas metas e como gerenciará seus relacionamentos com o mercado de maneira que obtenha vantagens sobre a concorrência. Portanto, a estratégia de marketing, no plano de marketing, consiste:
a   nas decisões necessárias para determinar a maneira por meio da qual o composto de marketing será ofertado.
b   nas relações estabelecidas em longo prazo para o processo de comunicação de marketing.
c   nas análises do mercado internacional para que a empresa possa desenvolver pontos fortes e fracos.

d. nas demandas do mercado interno e externo para que produtos e serviços sejam aperfeiçoados.

e. em decisões para determinar o público-alvo da empresa e suas relações com fornecedores e distribuidores.

4. O plano de marketing nada mais é do que o instrumento no qual se transcrevem todas as análises oriundas das abordagens micro e macroambientais, assim como o que a empresa deseja obter como resultados por meio das estratégias expostas. Sua elaboração se divide em três etapas, sendo que a primeira se refere ao diagnóstico dos ambientes interno e externo.

   Discorra sobre o que deve ser realizado na primeira etapa do plano de marketing.

5. O plano de marketing faz parte do Plano de Negócios, portanto deve ser coerente com o que foi definido no planejamento estratégico da empresa. Por exemplo, se a empresa se posiciona no mercado como uma empresa de diferenciação, como deverá ser a estratégia do "P" referente à *praça*, isto é, à distribuição dos produtos?

Questão para reflexão

1. Como as empresas devem se preparar para enfrentar as novas tecnologias que estão mudando a forma tradicional do varejo, como a Amazon Go, com o app *Just Walk Out Technology*, que coloca os produtos diretamente em sua bolsa sem precisar passar por caixas para efetuar o

pagamento, sem filas, sem espera. Qual impacto isso trará para o desenvolvimento do plano de marketing?

Para saber mais

Você sabia que o plano de marketing da Riachuelo está centrado nos canais de distribuição? Um novo centro logístico abastece toda a rede e as substituições de produtos passaram a ser definidas com base em informações das vendas em tempo real. Os caminhões da rede visitam todas as unidades ao menos três vezes por semana, repondo os itens mais demandados. Segundo o presidente da empresa, Flavio Rocha, em entrevista ao jornal *O Estado de S.Paulo*, "A **Nova Distribuição** é como sair do caminhão-pipa para a Água Encanada".

> SOUZA, D. Riachuelo tem lucro recorde para 1º semestre. **O Estado de S. Paulo.** 9 ago. 2017. Economia & Negócios. Disponível em: <http://www.em.com.br/app/noticia/economia/2017/08/10/internas_economia,890824/riachuelo-tem-lucro-recorde-para-1-semestre.shtml>. Acesso em: 3 ago. 2018.

Aproveite todo o conteúdo estudado e simule um plano de marketing para sua própria empresa. Confira um modelo de simulação acessando em:

> GOMES, I. M. Manual como elaborar um plano de marketing. Belo Horizonte: SEBRAE/MG, 2005. Disponível em: <http://www.bibliotecas.sebrae.com.br/chronus/ARQUIVOS_CHRONUS/bds/bds.nsf/1947E3304928A275032571FE00630FB1/$File/NT00032296.pdf>. Acesso em: 3 ago. 2018.

_Para concluir...

No Capítulo 1, apresentamos a evolução do pensamento em marketing, do enfoque em produto para o enfoque em vendas, e, na sequência, do marketing para o marketing de relacionamento, quando o consumidor deixa de ser o expectador e passa a ser o protagonista das ações de marketing desenvolvidas pelas empresas.

No Capítulo 2, descrevemos o composto de produto e demonstramos que os consumidores compram experiências, e não simplesmente o produto em si. Os atributos e os benefícios dos produtos devem resolver um problema identificado pelo consumidor. O portfólio de produtos deve ser gerenciado de forma que a marca, ao criar valor, seja fortalecida por meio de percepções na mente dos consumidores.

A Matriz BCG dá um direcionamento de como os produtos devem ser distribuídos a fim de que a empresa tenha um portfólio equilibrado com produtos em diversos quadrantes. O ciclo de vida dos produtos direciona para as estratégias de marketing.

No Capítulo 3, tratamos das estratégias de precificação, que, dependendo do posicionamento da empresa no mercado, podem ser: baseadas em custos, caso a estratégia seja de penetração de mercado; baseadas em valor, quando a empresa investe em diferencial para os consumidores; na concorrência; ou de *skimming*, quando o produto é de inovação ou de luxo.

No Capítulo 4, especificamos as estratégias dos Ps referentes à praça e à distribuição, área do marketing que está sofrendo grandes mudanças com o avanço da tecnologia, com drones utilizados para fazer entregas de produtos pequenos nas grandes cidades, por exemplo.

No Capítulo 5, detalhamos as estratégias de promoção, nas quais cada vez mais o marketing digital está presente, com baixo custo e maior alcance de público, sendo possível direcionar o público-alvo correto. As estratégias tradicionais de promoção continuam sendo utilizadas de forma a criar um posicionamento claro na mente dos consumidores.

No Capítulo 6, apresentamos a estrutura de um plano de marketing, explicando a primeira etapa do plano com a análise do mercado, do público-alvo, da marca, do posicionamento e dos objetivos e das metas traçadas, para então pormenorizar as estratégias de marketing em relação aos 4 Ps, o enfoque principal desta obra.

_Referências

ABRE – Associação Brasileira de Embalagens.. Disponível em: <http://www.abre.org.br>. Acesso em: 19 jul. 2017.

AMA – American Marketing Association. Definition of Marketing. **About AMA.** Disponível em: <https://www.ama.org/AboutAMA/Pages/Definition-of-Marketing.aspx>. Acesso em: 19 jul. 2018.

AMAZON. **Introducing Amazon Go and the World's most Advanced Shopping Technology.** Disponível em: <https://www.youtube.com/watch?v=NrmMk1Myrxc>. Acesso em: 30 jul. 2018.

AMBRÓSIO, A.; AMBRÓSIO, V. A Matriz BCG passo a passo. **Revista da ESPM,** São Paulo, v. 12, n. 4, jul./ago. 2005.

ANDERSON, P. F. Marketing, Strategic, Planning and the Theory of the Firm. **Journal of Marketing,** n. 46, p. 15-26, 1982.

APPLE atinge marca de U$ trilhão em valor de mercado. G1, 2 ago. 2018. Economia. Disponível em: <https://g1.globo.com/economia/noticia/2018/08/02/apple-atinge-marca-de-us-1-trilhao-em-valor-de-mercado.ghtml>. Acesso em: 13 ago. 2018.

BARTELS, R. **The History of Marketing Thought**. 3th. ed. Columbus: Publishing Horizons, 1988.

BLESSA, R. **Merchandising no ponto de venda**. São Paulo: Atlas, 2013.

BORDEN, N. H. The Concept of the Marketing Mix. **Journal of Advertising Research**, v. 4, p. 2-7, 1964.

BORGHI, A. R. **A influência do design de embalagens na elaboração de estratégias do produto nas micro e pequenas empresas**: um estudo sobre o polo de cosméticos de Diadema. 123 f. Dissertação (Mestrado em Administração) – Universidade Municipal de São Caetano do Sul, São Caetano, 2007. Disponível em: <http://www.uscs.edu.br/posstricto/administracao/dissertacoes/2007/pdf/DISSERTACAO_APARECIDO_ROBERLEY_BORGHI.pdf>. Acesso em: 19 jul. 2018.

BRETZKE, M. **Marketing de relacionamento e competição em tempo real**. São Paulo: Atlas, 2000.

CALDAS, E. Por que a Coca-Cola comprou a AdeS. Época Negócios, 1º jun. 2016. Disponível em: <http://epocanegocios.globo.com/Empresa/noticia/2016/06/por-que-coca-cola-comprou-ades.html>. Acesso em: 19 jul. 2018.

CAPELAS, B.; KLOJDA, A. Leitor eletrônico faz 10 anos, mas pode sumir antes do livro de papel. **O Estado de S.Paulo**, 12 nov. 2017. Disponível em: <https://link.estadao.com.br/noticias/cultura-digital,leitor-eletronico-faz-10-anos-mas-corre-risco-de-sumir-antes-do-livro-de-papel,70002081269>. Acesso em: 10 ago. 2018.

CAVALCANTI, P.; CHAGAS, C. **História da embalagem no Brasil**. São Paulo: Grifo, 2006.

CHRISTENSEN, C. M. **The Innovator's Dilemma**: When New Technologies Cause great Firms to Fail. Boston: HBS Press, 1997.

CHURCHILL JUNIOR., G. A.; PETER, J. P. **Marketing**: criando valor para os clientes. São Paulo: Saraiva, 2000.

_____. _____. 4. ed. São Paulo: Saraiva, 2005.

COCA-COLA e Femsa fecham acordo para comprar AdeS da Unilever. **G1**. 1º jun. 2016. Economia, Negocios. Disponível em: <http://g1.globo.com/economia/negocios/noticia/2016/06/coca-cola-e-femsa-fecha-acordo-para-comprar-ades-da-unilever.html>. Acesso em: 1º ago. 2018.

COUGHLAN, A. T. et al. **Canais de marketing**. São Paulo: Pearson Education do Brasil, 2011.

CRUZ, J. A. W. **Gestão de custos**: perspectivas e funcionalidades. Curitiba: IBPEX, 2011.

D'ANGELO, A. C.; SCHNEIDER, H.; LARÁN, J. A. Marketing de relacionamento junto a consumidores finais: um estudo exploratório com grandes empresas brasileiras. **Revista de Administração Contemporânea**, v. 10, n. 1, Curitiba, jan./mar. 2006, p. 73-93. Disponível em: <http://www.scielo.br/pdf/rac/v10n1/a05.pdf>. Acesso em: 31 jul. 2018.

DIAS, S. R. et al. **Gestão de marketing**. São Paulo: Saraiva, 2003.

DUFFY, D. L. **Do Something!**: guia prático para fidelização de clientes – a verdade pura e simples sobre como fidelizar clientes e assim aumentar suas vendas e lucratividade. São Paulo: Prentice Hall, 2002.

ENDEAVOR BRASIL. **4 Ps**: as bases seguras para a marca sólida que você quer construir. 30 jul. 2015. Disponível em: <https://endeavor.org.br/4-ps>. Acesso em: 3 ago. 2018.

FERREIRA JUNIOR, A. B.; CENTA, S. **Supervarejo**: uma abordagem prática sobre os mercados de consumo. Curitiba: InterSaberes, 2014.

GOMES, I. M. **Como elaborar um plano de marketing**. Belo Horizonte: Sebrae, 2005.

HOPPNER, J. J.; GRIFFITH, D. A. Looking Back to Move Forward: a Review of the Evolution of Research in International Marketing Channels. **Journal of Retailing**, v. 91, n. 4, p. 610-626, 2015.

KOTLER, P. **Administração de marketing**. São Paulo: Prentice Hall, 2000.

_____. **Administração de marketing**: análise, planejamento, implementação e controle. 4. ed. São Paulo: Atlas, 1998.

_____. **Gestão de marketing**. São Paulo: Saraiva, 2008.

_____. **Marketing 4.0**. Rio de Janeiro: GMT Editores, 2017.

_____. **Marketing essencial**: conceitos, estratégias e casos. 2. ed. São Paulo: Pearson Education, 2005.

KOTLER, P. **Marketing para o século XXI**: como criar, conquistar e dominar mercados. Rio de Janeiro: Ediouro, 2009.

KOTLER, P.; ARMSTRONG, G. **Princípios de marketing**. 15. ed. São Paulo: Prentice Hall, 2014.

_____. _____. 15. ed. São Paulo: Pearson Education do Brasil, 2015.

KOTLER, P.; KELLER, K. L. **Administração de marketing**. 12. ed. São Paulo: Pearson Prentice Hall, 2006.

_____. _____. 14. ed. São Paulo: Prentice Hall, 2012.

LAS CASAS, A. L. **Marketing de varejo**. 4. ed. São Paulo: Atlas, 2006.

LEVITT, T. Marketing Myopia. **Harvard Business Review**, Boston, v. 38, p. 24-47, 1960.

MAXIMIANO, A. C. A. **Administração de projetos**: como transformar ideias em resultados. 2. ed. São Paulo: Atlas, 2002.

OGDEN, J. R.; CRESCITELLI, E. **Comunicação integrada de marketing**: conceitos, técnicas e práticas. 2. ed. São Paulo: Pearson Prentice Hall, 2007.

PORTAL ADMINISTRAÇÃO. **Franchising**: O que é e como funciona? Disponível em: <http://www.portal-administracao.com/2014/01/franchising-o-que-e-e-como-funciona.html>. Acesso em: 3 ago. 2018.

PORTER, M. E. **Competição**: estratégias competitivas essenciais. Rio de Janeiro: Campus, 1999.

ROESLER, R. Marketing de engajamento. **Mkt 4.0**, 24 nov. 2010. Disponível em: <http://mkt4pontozero.blogspot.com/2010/11/marketing-de-engajamento.html>. Acesso em: 30 jul. 2018.

ROLON, V. E. K. ; MONFORT, M. B.; ALVES, E. B. **Marketing de relacionamento**: como construir e manter relacionamentos lucrativos? Curitiba: InterSaberes, 2014.

SÁ, P. R. G. de; HAIM, M. C. R. de; WAISSMAN, V. **Comunicação Integrada de marketing**. Rio de Janeiro: FGV, 2013.

SANTOS, T. et al. O desenvolvimento do marketing: uma perspectiva histórica. **Revista de Gestão da USP**, São Paulo, v. 16, n. 1, p. 89-102, jan./mar. 2009. Disponível em: <http://www.revistas.usp.br/rege/article/view/36663/39384>. Acesso em: 30 jul. 2018.

SANTOS, F. A. N. V. dos; SILVEIRA, T. C. L. da. Relações entre a customização em massa e o design de produtos industriais. **Revista Eletrônica Sistemas & Gestão**, Florianópolis, v. 6, n. 4, p. 414-430, 2011. Disponível em: <www.revistasg.uff.br/index.php/sg/article/download/V6N4A2/V6N4A2>. Acesso em: ,10 ago. 2018.

SHIMOYAMA, C.; ZELA, D. R. **Administração de marketing**. FAE Business School. Disponível em: <http://www.fae.edu/publicacoes/pdf/mkt/1.pdf>. Acesso em: 3 ago. 2018.

SIMONETTI, S. **Trade Marketing**: estratégias e práticas para o ponto de venda. Curitiba: Juruá, 2009.

TORRES, F.; TORRES, A. **Gestão do composto de marketing**. 2. ed. São Paulo: Atlas, 2013.

VAROTTO, L. F. História do varejo. **GV-Executivo**, v. 5, n. 1, p. 86-90, fev./abr. 2006.

YANAZE, M. H. **Gestão de marketing e comunicação**: avanços e aplicações. São Paulo: Saraiva, 2007.

ZENONE, L. C. **Marketing de relacionamento**: tecnologia, processos e pessoas. São Paulo: Atlas, 2010.

_Respostas

Capítulo 1

1. a
2. d
3. a
4. A Revolução Industrial.
5. Oferta de produtos e de serviços em grande quantidade; estoques.

Capítulo 2

1. c
2. d
3. b

4   Fase de introdução: produtos inovadores que entram em mercados com alta taxa de crescimento, mas que ainda não são conhecidos e têm baixa taxa de participação no mercado.
5   Precificação baseada em custos. A precificação deve ser somente para cobrir os custos totais da comercialização dos produtos, acrescidos de uma pequena margem de lucro, pois nesta fase do ciclo de vida, os produtos entram na fase de declínio, ou seja, sendo retirados do mercado.

Com relação à distribuição, os produtos devem ser ofertados em pontos de venda das regiões que concentram a maioria de pessoas de baixa renda, nas regiões metropolitanas das grandes cidades, em cidades do interior, sempre em pontos de venda voltados a atender as classes D e E.

Capítulo 3

1   e
2   c
3   a
4   A intenção das empresas é eliminar os concorrentes do mercado. Importante lembrar que essa prática é ilegal.
5   Estratégia de desnatação de mercado, também conhecida como skimming.

Capítulo 4

1. a
2. d
3. a
4. Canais de exclusividade, como adegas e supermercados voltados às classes A e B.
5. Os canais seletivos são utilizados para ofertar produtos comprados após a realização de pesquisas sobre as características dos produtos e a relação custo-benefício.

Capítulo 5

1. e
2. a
3. e
4. Emissor, mensagem, meio de comunicação e receptor.
5. Visão: por meio de *layout* da loja, *mix* de produtos, vitrine.

   Olfato: perfume especial para a loja e para borrifar nas roupas.

   Tato: produtos ao alcance dos clientes para que possam tocar, provar, sentir a textura dos materiais.

   Audição: música ambiente compatível com as características dos consumidores.

   Paladar: degustações.

Capítulo 6

1. a
2. a
3. e
4. A primeira etapa do plano de marketing consiste em sumário executivo, análise do ambiente, definição do público-alvo, definição do posicionamento de mercado, definição da marca, definição de objetivos e de metas e definição das estratégias de marketing.
5. No caso de posicionamento de diferenciação, a distribuição deverá ser seletiva.

_Sobre a autora

Vanessa Estela Kotovicz Rolon é doutora e mestre em Administração pela Universidade Positivo (UP), mestre em Educação pela Universidad Técnica de Comercialización y Desarrollo (UTCD), especialista em Metodologia e Didática do Ensino pela Universidade Paranaense (Unipar), graduada em Administração pela Universidade Federal do Paraná (UFPR).

Atualmente é coordenadora do curso de Administração nas modalidades presencial e a distância do Centro Universitário Internacional Uninter. É membro de dois grupos de pesquisa do Conselho Nacional de Desenvolvimento Científico e Tecnológico (CNPq) nas áreas de aprendizagem organizacional, inovação, prática de gestão e prática e subjetividade. É membro da Comissão Assessora de Avaliação do Exame

Nacional de Desempenho de Estudantes (Enade) em 2015 e em 2018. É avaliadora do Guia do Estudante da Editora Abril. Leciona as disciplinas de Teoria Geral da Administração, Composto Mercadológico, Marketing de Relacionamento, Modelos Contemporâneos de Gestão, Administração de Marketing e Administração Estratégica, nas modalidades presencial e a distância. É coautora do livro *Marketing de relacionamento: como criar e desenvolver relações duradouras*. É avaliadora de cursos do Instituto Nacional de Estudos e Pesquisas Educacionais Anísio Teixeira (Inep).

Este produto é feito de material proveniente de florestas bem manejadas certificadas FSC® e de outras fontes controladas.

Impressão: Gráfica Mona
Junho/2019